Geronimo Stilton

MUCHOS MÁS CHISTES MORROCOTUDOS

DESTINO

Título original: Barzalette Super-top-compilation. Numero 3
Adaptación: Manel Martí

Textos de Geronimo Stilton
Algunos de los chistes reproducidos en este libro han sido enviados por nuestros lectores a raíz del concurso presentado en Los chistes más morrocotudos 2
Redacción de Cruscola De Muscolis y Cicciolosa Top.
Ilustraciones de Winny Rope y G. Scott.
Gráfica di Zeppola Zap.

www.geronimostilton.com
Idea original de Elisabetta Dami

Destino Infantil & Juvenil
infoinfantilyjuvenil@planeta.es
www.planetadelibrosinfantilyjuvenil.com
www.planetadelibros.com
Editado por Editorial Planeta, S. A.

Avda. Diagonal, 662-664, 08034 Barcelona
Primera edición: febrero de 2016
Primera edición en esta presentación: julio de 2024
ISBN: 978-84-08-29017-9
Depósito legal: B. 11.036-2024
Impreso en España

El papel de este libro procede de bosques gestionados de forma sostenible y de fuentes controladas.

ÍNDICE

¡MENUDO DÍA, MENUDO DÍA!

¡Menudo día, menudo día! Cuando lo pienso, aún me entran ganas de **reír**..., pero dejadme que os lo explique tranquilamente. Para empezar, voy a presentarme, mi nombre es Stilton, *Geronimo Stilton!*

Dirijo el periódico más famoso de la Isla de los Ratones, *El Eco del Roedor*... ¡puede que ya me conozcáis!

Geronimo Stilton

Bien, pues como os iba diciendo... *¡menudo día, menudo día!*

Hacía una **RADIANTE** mañana primaveral, y decidí ir caminando **sin prisa** hasta el despacho.

¡Hola!
¡Hola!
¡Por mil quesos de bola!
¡Ha llegado la primavera!

¡Bajo enseguida!
¡Voy con retraso!
Entonces, ¿bajas?
¡Qué bonito,
vivir en Ratonia!

En las calles de Ratonia, mi querida ciudad, reinaba una paz insólita. Los roedores caminaban **tranquilos** o se detenían en un bar para zamparse un cruasán relleno de gorgonzola o para leer el periódico. En la calle del Tortelini, donde se encuentra la redacción, no se oía ni una mosca, lo cual era un buen ejemplo de aquel ambiente ***pacífico***. Subí la escalera que conduce a mi despacho y abrí la puerta.

—**¡BUENOS DIAS A TODOS!** —dije, esperando que me respondieran a coro. No me contestó **nadie**.

En la redacción todos estaban atareadísimos: había ratones que iban de arriba abajo acarreando pa-

quetes y pilas de libros, ratones encaramados a escaleras de mano, ratones que transportaban sofás...

—¡Haga el favor de apartarse, señor Stilton! —oí que me chillaban.

Era Ratisa Beaufort. ¡Llevaba una carretilla cargada de libros y corría hacia mí a toda velocidad!

Grité:

—¡Por mil quesos de bola… hiiiiiiii!

Di una vuelta tratando de entender a qué venía el jaleo.

Logré apartarme justo a tiempo: la carretilla pasó por mi lado rozándome, haciéndome ***vibrar los bigotes*** y aplastándome la cola con una **RUEDA**.

—¡Ayyyyyyy! —grité.

Pero nadie me hizo el menor caso. Di una vuelta por la redacción, tratando de entender a qué venía todo aquel jaleo.

—Disculpad, ¿qué está pasando? —pre-
gunté, pero nadie se preocupó de mí.

—Señor Stilton, por favor —me dijo Ratonila, mi secretaria, desde lo alto de una

escalera—, ¿podría pasarme ese cuadro?

—Hum… ¡sí, por supuesto! —respondí yo.

—¡Gracias! Un poco más arriba… un

poco más... aguante un momento.

Yo estaba de puntillas, sosteniendo UN CUADRO (que PESABA LO SUYO) y entonces Ratonila clavó un clavo con un martillo enorme ¡y de propina me asestó sin querer un martillazo en el morro.

—¡AYYYYYYYYY! —grité.

—¡Oh, discúlpeme, señor Stilton!

—No, no pasa nada... —murmuré yo, con los ojos llorosos.

Ella siguió asestando martillazos, cada vez más fuertes.

—¡Caramba con el clavo, no quiere clavarse! No se mueva, señor Stilton...

¡Pero el martillo se le escurrió de entre

las manos y cayó directamente sobre mi cola!

—*¡Ayyyyyyyy!* —grité hasta quedarme afónico.

Todos se volvieron. ¡Por fin había atraído la atención de los de la redacción!

Todos se volvieron, se volvieron, se volvieron, se volvieron, se volvieron.

Aprovechĕ para preguntarles:

—¿Se puede saber qué diantre pasa hoy en *El Eco del Roedor*?

Todos se me quedaron **MIRANDO**, perplejos.

—Pero ¿cómo es posible que no se acuerde, señor Stilton? Hoy, como todos los años, es el día de la LIMPIEZA GENERAL! —me respondieron a coro—. Hay que **limpiarlo todo** y volverlo a poner en su sitio.

—Ah… muy bien, muy bien, pues adelante con vuestra tarea, yo creo que iré a mi despacho a trabajar un rato.

Mientras me dirigía a la escalera, vi a Delicia Pasiego, una ratoncita **ATLÉTICA**, que levantaba una gigantesca pila de hojas.

—¡Cuidado, Delicia —le dije—, esa pila parece muy pesada!

—¡No se preocupe, señor Stilton, no hay nada demasiado pesado para mí! Soy un concentrado de músculos. —Dicho lo cual, levantó la pila grácilmente—. ¿Lo ve? ¡Tengo un equilibrio que sería la envidia de una balanza!

Pero entonces tropezó con la alfombra y

dio una especie de sensacional voltereta en el aire. ¡PUM!

La pila de hojas que transportaba se escampó por toda la sala. Las hojas se arremolinaron aquí y allá.

JI JI JI

JA JA JA

JO JO JO

—¡**QUÉ DESASTRE**, ahora tocará recogerlas!

—¡Vamos, echémosle una mano a Delicia, si nos ponemos todos manos a la obra será un momento!

Mientras recogía las hojas, oí a alguien reír. Al principio sólo era una risa débil, «ji, ji, ji», pero la cosa se fue transformando en una risotada contundente: «jo, jo, jo».

¿Quién se estaba riendo así? Era Blasco Tabasco, el diseñador, que ahora ya se retorcía en el suelo aguantándose la barriga.

Le preguntamos, sorprendidos:

—¿De qué te ríes? ¿Qué es lo que te hace tanta gracia?

—¡Ay, qué divertido! —mascculló sin dejar de reír.

—¿Qué es eso tan divertido?

—Es para morirse de risa… la señora… el semáforo… —respondió él con lágrimas en los ojos.

—A lo mejor está indispuesto —dijo sin salir de su asombro la grafista Merenguita—. ¡Puede que haya comido demasiado **queso**!

—A mí me parece que tiene un ataque de nervios, porque su risa suena nerviosa —añadió Quesita de la Pampa.

Blasco exclamó sin dejar de reír:

«UNA SEÑORA PARA A UN CHICO EN UNA ESQUINA:

—PERDONE, JOVEN, ¿ME AYUDA A CRUZAR LA CALLE?

—CLARO SEÑORA, PERO TIENE QUE ESPERARSE HASTA QUE EL SEMÁFORO SE PONGA EN VERDE.

—¡MIRA QUÉ LISTO! ¡CON EL SEMÁFORO EN VERDE YA SÉ CRUZAR YO SOLA!».

Todos nos tronchamos de risa.
Recogí una de las hojas:
—¡Eh, pero si es una página con chistes! ¡Escuchad éste!
«¿Por qué los peces viven en agua con sal? Porque el agua con pimienta... ¡los hace estornudar!»
Más risas de los presentes.
¡Empezamos a pescar páginas y, ahora una, después otra, fuimos leyendo chistes en voz alta que provocaron grandes carcajadas!
—Pero ¿de dónde salen todos estos chistes? —pregunté en un momento dado.
—Señor Stilton, ¿se acuerda del CONCURSO DE CHISTES PARA NIÑOS? Nos enviaron **MUCHÍSIMOS**. Publicamos la mayoría, pero aún nos sobraron... ¡Son éstos!
Yo exclamé:
—¡Pues me parece una lástima no publi-

CHISTES...
CHISTES...
CHISTES...
CHISTES...
CHISTES...
CHISTES...
CHISTES...
CHISTES...
CHISTES...
CHISTES...
CHISTES...
CHISTES...
CHISTES...
CHISTES...
CHISTES...
CHISTES...
CHISTES...
CHISTES...
CHISTES

carlos, son divertidísimos! ¿Y si preparamos un nuevo libro de chistes?

—**¡Hiiiiii! ¡Eso sí que sería divertido!** —respondieron entusiasmados todos mis colaboradores y colaboradoras como si fuesen un solo ratón.

Nos pusimos las pilas y en muy poco tiempo tuvimos listo el libro. Así fue como publicamos un nuevo volumen de LOS CHISTES MÁS MORROCOTUDOS DE GERONIMO STILTON.

Y éste es, ni más ni menos, el libro que tenéis en vuestras manos: chistes para desternillarse de risa, y los podéis leer en casa o por la calle, en la montaña o en la playa, solos o con amigos... ¡para reír siempre y a cualquier hora!

¡Chistes de narices o de bigotes, palabra de Stilton, Geronimo Stilton!

Geronimo Stilton

CHISTES DE ANIMALES

¿Cómo se las apaña un elefante para pasar desapercibido?

¡Poniéndose gafas de sol!

PEZ ASEADO

¿Qué le dice mamá pez a su alevín antes de sentarse a cenar?

—Hijo mío, ¿ya te has lavado las aletas?

PULGAS

¿Adónde van las pulgas cuando se mueren?

¡Al pulgatorio!

COPIONA

¿Cuál es el animal que más copia en el colegio?
La jirafa. ¡Con ese cuello tan largo puede espiar los exámenes de todos sus compañeros!

EL MÁS ALTO

¿Cuál es el animal que salta más alto que un árbol?
¡Cualquier animal, porque los árboles no saltan!

POLLITO

—¿Qué animal es morado y con dos rayas de color rosa?
—No lo sé.
—El pollito.
—¿Y por qué tiene dos rayas de color rosa?
—¡Porque lleva tirantes!
—¿Y a qué viene lo del color morado?
—Es por los tirantes... ¡le aprietan!

HORMIGA AVENTURERA

¿Qué hace una hormiga en la cabeza de un elefante?
¡Va de safari!

EN LA BARRIGA

Un conejo muerto de frío se topa con un león enorme, se le acerca y le dice:

—¡Tú sí que vas bien abrigado con todo ese pelo! ¿Puedo ponerme bajo tu barriga para calentarme un poco?

El león se lo queda mirando y le responde:

—Tengo una idea mejor: ¿por qué no te metes dentro de mi barriga? ¡Verás qué calentito estarás ahí adentro!

FELICIDAD

¿Cuál es el colmo de un pájaro?

¡Estar en el séptimo cielo!

HUESO EN LA BOCA

Un perro se pasea con un hueso en la boca.
Se cruza con un gato, y éste le pregunta:
—¿Por qué llevas un hueso en la boca?
—¡Porque no tengo bolsillos!

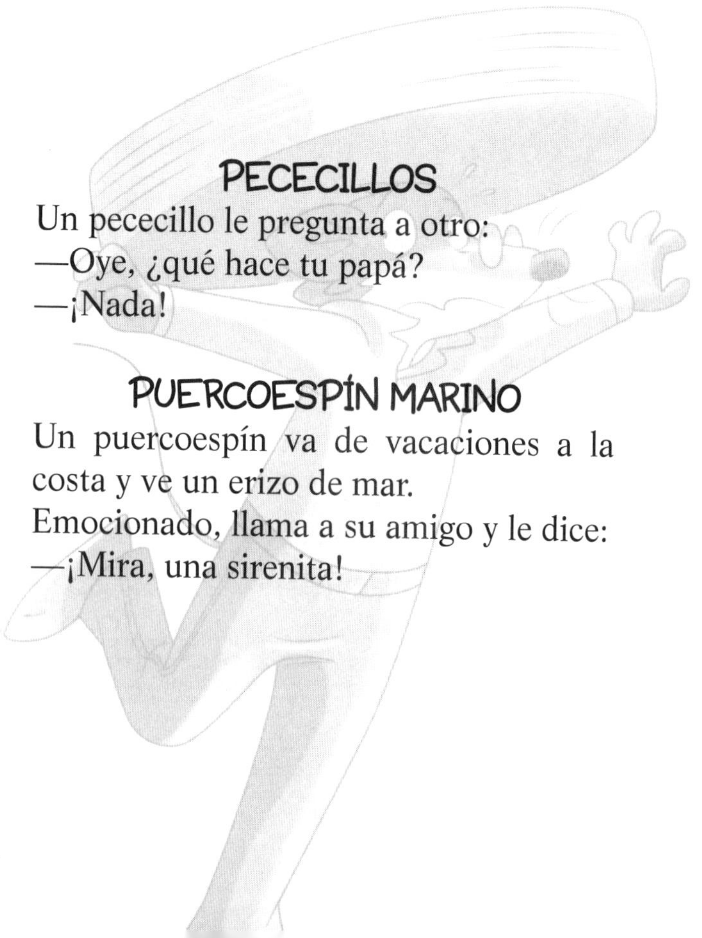

PECECILLOS

Un pececillo le pregunta a otro:
—Oye, ¿qué hace tu papá?
—¡Nada!

PUERCOESPÍN MARINO

Un puercoespín va de vacaciones a la costa y ve un erizo de mar.
Emocionado, llama a su amigo y le dice:
—¡Mira, una sirenita!

PROPORCIONES DISTINTAS

Dos hipopótamos ven una cebra, y uno le dice al otro:

—Hay que reconocerlo: ¡las rayas verticales siempre te hacen parecer más delgado!

PERDIDO

—¡Estoy desesperada! He perdido a mi perrito negro... No sé qué hacer para encontrarlo...

—¿Por qué no pruebas a poner un anuncio en el periódico?

—Sí... ya lo había pensado... pero no creo que valga la pena: ¡mi perro no sabe leer!

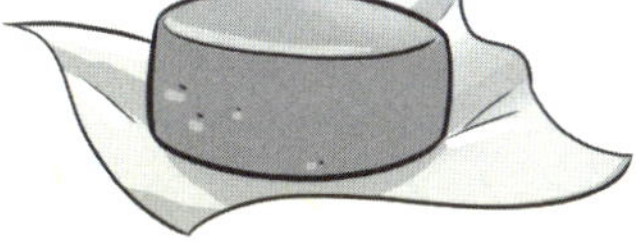

¡QUÉ BURRO!

Un pequeño asno le pregunta a su madre:

—Mamá, ¿si voy a la escuela crees que algún día me convertiré en un caballo?

ARCA DE NOÉ

Todos los animales están haciendo cola para subir al Arca de Noé: una pulga salta a la grupa de un elefante. El elefante dice:

—¡Eh, no empujéis!

Y la pulga responde:

—¡Perdona, es que no te había visto!

EN EL POLO

Un oso polar ha preparado la cena y le dice a la osa:

—Cariño, ven, ¡la cena está servida!

—¡¿Otra vez comida congelada?!

CANGREJOS

Dos cangrejos se encuentran y uno le dice al otro:

—¿Qué tal? ¿Cómo te va la vida?

Y el otro cangrejo le responde:

—Pues ya ves, como siempre: voy tirando… ¡marcha atrás!

¡ATENCIÓN!

Una señora se encuentra a un amigo y éste la previene:

—Cuidado con el perro cuando abran la verja.

—¿Por qué? ¿Acaso muerde?

—¡No! ¡Se escapa!

¡MIRA QUIÉN HABLA!

Un día de agosto, de esos en que hace un calor horrible, un campesino detiene el carro en un melonar y dice:

—¡Jamás en mi vida había pasado tanto calor!

—¡Yo tampoco! —dice el burro que tira del carro.

—Qué raro… —murmura un melón.

Y el campesino le responde:

—Es la primera vez que oigo hablar a un burro.

—¡Yo también! —dice el carro.

ESCONDITE

Una pequeña mofeta que está jugando al escondite con otros animales protesta:
—¡Ostras, ya no juego más con vosotros, siempre me encontráis la primera!

CIEMPIÉS

En el parque, un señor ciempiés se encuentra a una amiga y le explica:
—Llevo más de diez años ahorrando y hoy, por fin, puedo ir de compras.
—¿Ah, sí? —dice la amiga—. ¿Y qué te vas a comprar?
—¡Zapatos!

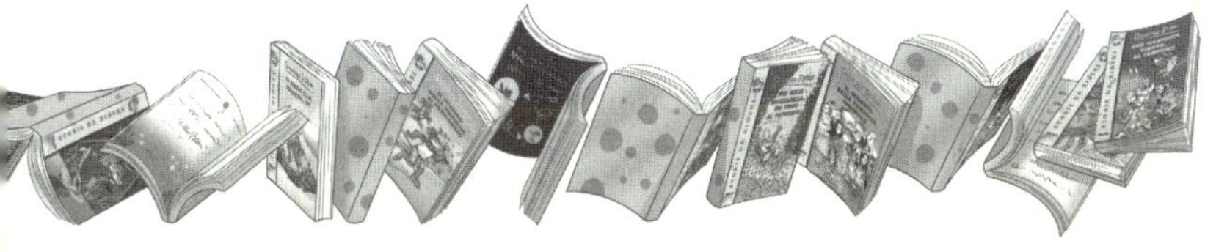

ESTRÉS

La señora pulpo va al médico:

—Doctor, me siento agotada. Creo que necesito un reconstituyente. He de planchar, limpiar la casa, cocinar, lavar la ropa... Y no tengo cien brazos... ¡sólo tengo ocho!

SI...

Si los burros volasen... ¡¡¡la escuela sería un aeropuerto!!!

ANIMAL LEÍDO

¿Cuál es el animal más culto de todos?
¡El ratón de biblioteca!

GALGOS

Dos galgos van persiguiendo un taxi. Cuando, por fin, el taxi se detiene y lo alcanzan, uno le dice al otro:
—¡Te he dicho que ponía libre, no liebre!

COSAS DE CANGUROS

Le dice mamá canguro a papá canguro:

—¿Puedes mirar qué tiempo hará mañana? ¡Tengo tantas ganas de que no llueva!

—¿Por qué?

—Porque así los pequeños podrán jugar fuera.

ARMAS

Un gánster le explica a otro gánster:

—¡Estoy muy contento, acabo de comprarme un pez espada!

—Vaya, ¿es que en la tienda no tenían peces metralleta?

CANGREJOS

¿Con qué tiende la colada mamá cangrejo?
¡Con las pinzas!

TIPOS DE CABALLOS

¿Cómo se llama el caballo de feria?
¡Caballito!
¿Y el caballo sin pezuñas?
¡Caballito de mar!

VER

—¿Has visto alguna vez un caballo con las orejas caídas?
—¡No! ¡Yo siempre lo he visto con los ojos abiertos!

ADIVINANZA

¿Cuál es el pez más exigente del océano?
¡El pezfeccionista!

¡AY, QUÉ DOLOR!

¿Qué es lo peor que puede pasarle a una jirafa?
¡Que tenga tortícolis!

INSOLACIÓN

¿Por qué las mariquitas nunca van a la playa a tomar el sol?
¡Porque tienen la espalda roja todo el año!

MOSQUITOS

Papá mosquito instruye a su hijo y le advierte:
—Hijo mío, nunca te dediques al mundo del espectáculo, ¡recuerda que tu abuelo murió de un aplauso!

MÁS MOSQUITOS

Dos mosquitos van a un restaurante y el camarero les pregunta:
—¿Qué tomarán los señores?
—¡Al cocinero, gracias!

MIOPE

Un ratón está nadando en una piscina. Llega un elefante con gafas de culo de botella y le dice:

—¡Haz el favor de salir ahora mismo!

El ratón sale de la piscina y el elefante le ordena:

—¡Date la vuelta!

El ratón, muerto de miedo, se vuelve, y el elefante le dice:

—¡Sólo quería asegurarme de que no llevabas puesto mi bañador!

DESEO

Un pez le dice a su novia:

—Vamos, piensa un deseo... ¡Acabo de ver caer una estrella de mar!

EN LA PISCINA

¿Cuál es el colmo de una rana?

¡Nadar estilo mariposa!

GRILLOS

¿Por qué encerraron a los grillos en el manicomio?

¡Porque estaban grillados!

EL REY DE LA SELVA

¿Por qué el león tiene la melena tan larga?
¡Porque ningún peluquero se atreve a cortársela!

GALLINERO

Una granjera entra en el gallinero, enseña un huevo de avestruz a sus gallinas y les dice:

—¡A ver si tomáis ejemplo!

GALLO

¿Por qué el gallo canta con los ojos cerrados?
¡Porque se sabe la letra de memoria!

DESCAPOTABLE

¿Cuál es el animal que sólo conduce coches descapotables?
¡La jirafa!

ASNO

¿Qué es un asno?
¡Un caballo que no quiso ir a la escuela!

PRESTIDIGITACIÓN MARINA

¿Qué le dice un pez prestidigitador a otro?
¡Nada por aquí, nada por allá!

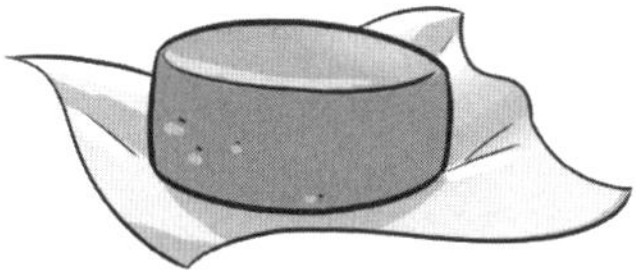

CHISTES ABSURDOS

—Eh, Papá Noel, ¿por qué sigues entrando por la chimenea después de tantos años?

—¡Porque nadie tiene el detalle de dejar las llaves bajo el felpudo de la entrada!

ASCENSOR ESTROPEADO

—La reparación del ascensor puede ascender a unos 10.000 euros.
—¿Y si descendiera, saldría más barato?

GOLOSA

—Sara, ¿por qué has cogido dos bombones?
—Mamá, es que te he obedecido ¡por partida doble!

EN LA EXPOSICIÓN

—¿A usted le gusta la pintura?

—¡Mucho, pero más de un bote me indigesta!

¿DÓNDE ESTÁN?

Es de noche, y Pablo está buscando algo por el suelo.

—¿Qué buscas? —le pregunta un amigo.

—Las llaves.

—¿Estás seguro de que se te han caído aquí?

—¡No! ¡Las he perdido más allá, pero es que aquí hay más luz!

RELOJ

—¿Qué hora tienes?
—¡Las diez menos diez!
—¡Bah, entonces no tienes nada!

EN EL HOTEL

—¿Cuánto cuesta una habitación individual?
—Depende de la posición.
—¡Ah, yo siempre duermo boca abajo!

ATRACO

Un italiano entra en un banco y grita:

—¡Vamos, dadme toda la pasta, que estoy muerto de hambre!

DIFERENCIA

¿En qué se diferencian la danza más popular de Cataluña y el pez azul más famoso del mar?

—¡En que una se llama sardana, y el otro, sardina!

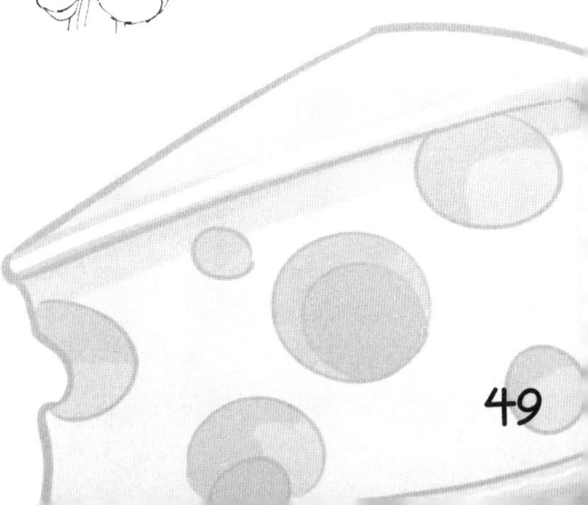

ABSURDOS

PRECAUCIÓN EN LA RED

Mamá le dice a su hijo:

—¡Niño, por lo que más quieras, antes de empezar a navegar por internet, haz el favor de ponerte el salvavidas!

CUMPLEAÑOS

Un niño celebra que cumple nueve años, y un amigo le dice:

—¡Muchas felicidades por tu décimo aniversario!

—¿Cómo? ¡Pero si sólo cumplo nueve! —le responde el niño.

—¡Sí, pero en mi fiesta de cumpleaños soplaste una de mis velas!

ASPECTO

Un libro le dice a un barco:

—Me gusta mucho el dibujo que me han puesto en la cubierta.

Y el barco le responde:

—¡Pues a mí, mi cubierta, los marineros me la han dejado limpísima!

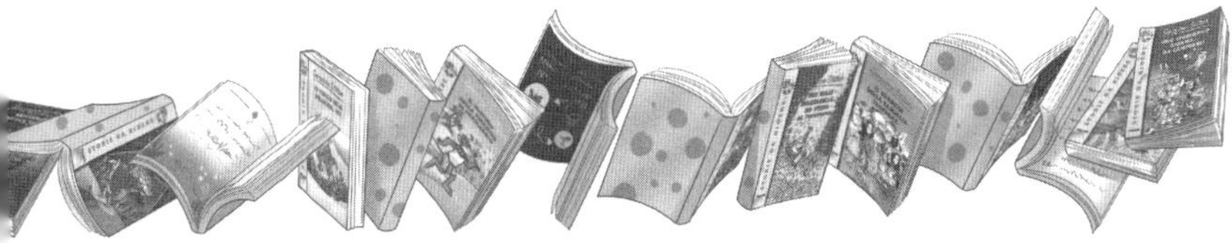

AUTO

Un niño le pregunta a su padre:
—Papá, ¿es verdad que si un pintor se retrata a sí mismo, el cuadro se llama autorretrato?
—Sí, es verdad.
—¿Entonces, si yo me hago una foto con el móvil, me estoy haciendo un automóvil?

JOYA

¿Cuál es el colmo de una joya?
¡Que te vaya como anillo al dedo!

CAÍDA DE CINE

En el cine hay un tipo despatarrado que ocupa tres asientos.
El acomodador pasa por su lado y lo regaña:
—¿Qué, estás cómodo, sinvergüenza?
—¿Cómodo? ¡Pero si acabo de caerme del piso de arriba!

INVENTO

Un señor va a la oficina de patentes y marcas para registrar el invento del siglo.
—¿De qué se trata? —le pregunta el empleado.
—He inventado un gancho para el paracaídas.
—Ah, muy interesante... explíqueme cómo funciona.

—Verá, se coge el gancho y se cuelga, y así no se cae.

—¡Ah, fantástico! Pero tendría que aclararme un detalle... Quisiera saber de dónde se cuelga el gancho.

—¡Yo qué sé!

—¿Cómo que no lo sabe?

—¿Qué quiere?¿Que lo invente todo yo?

EN EL DESIERTO

Dos hombres se han perdido en el desierto. Mientras caminan, uno le dice al otro:

—He de darte dos noticias. Una buena y otra mala. ¿Por cuál quieres que empiece?

—Por la mala —dice el amigo.

—Hoy también nos tocará comer arena…

—¿Y la buena?

—¡Tenemos toda la que queramos!

CHISTES SURREALISTAS

¿Por qué el cambio de hora supone un problema para los campesinos?

¡Porque a los gallos les cuesta mucho aprenderse el nuevo horario!

MARGARITA

—¿Adónde vas?

—A comerme una pizza.

—¿Cuál?

—Una margarita.

—¡Qué buena!

—¿Buena, dices? ¡Con el asco que me dan todos esos pétalos que se me quedan entre los dientes!

EN EL BAR

—Buenos días, ¿qué desea el señor?

—¡Ser rico, tener una espléndida mansión, ser el hombre más feliz de la tierra!

LÍNEAS

—¿Por qué las líneas paralelas no se encuentran nunca?
—¡Porque nunca quedan con antelación!

¡QUÉ GRACIOSO!

Un grano de maíz le dice a otro que acaba de contarle un chiste:
—¡Por favor, para ya, o estallaré en una carcajada y me convertiré en palomita!

¿CUÁNTOS SON?

—¡Llegan los soldados, mi general!
—¿Cuántos diría que hay?
—¡Mil uno, mi general!
—¿Y usted cómo puede saberlo con tanta exactitud?
—Compruébelo usted mismo, aquel grupo de soldados deben de ser unos mil.
—Y entonces, ¿por qué dice mil uno?
—¿Es que no ha visto al soldado que va delante guiándolos?

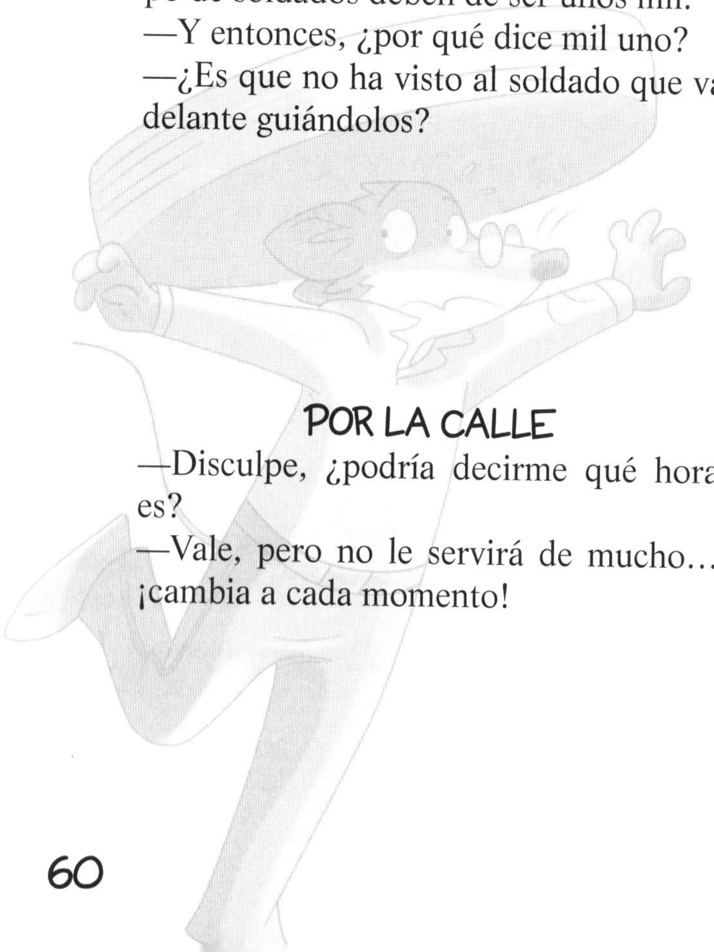

POR LA CALLE

—Disculpe, ¿podría decirme qué hora es?
—Vale, pero no le servirá de mucho… ¡cambia a cada momento!

CARTERA

—¿Por qué estás tan preocupado?
—Porque se me ha caído
la cartera desde el quinto piso.
—¿Y tú qué has hecho?
—He bajado al cuarto piso… ¡pero ya había pasado!

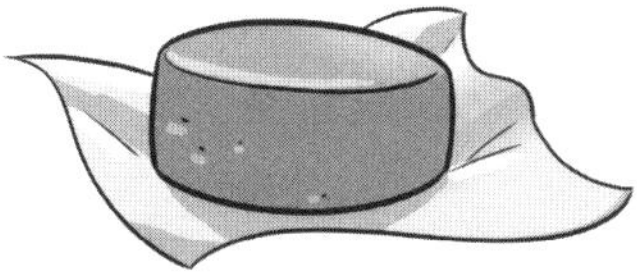

¡CUIDADO!

—¡Cuidado!
—¿Cuidado… con qué?
—Con el cemento.
—¿Por qué?
—¡Porque es cemento armado!

CALLES

—¿Perdone, la plaza de San Pedro?
—Está un poco más arriba.
—¡Ah, muy bien, entonces ya me espero a que llegue aquí abajo!

PAVO

Un señor entra en una carnicería.

—Buenas, ¿tienen pavo?

—Lo siento, pero se nos ha agotado.

—¡Madre mía! Primero, las vacas locas, y ahora, los pavos agotados… ¿Adónde iremos a parar?

EN EL MÉDICO

—Doctor, soy asmático, ¿es grave?

—No, amigo, ¡es esdrújula!

BOOMERANG

Un aborigen australiano le pregunta a su amigo:

—¿Qué tal va tu nuevo boomerang?

—Muy bien, pero no consigo librarme del viejo: ¡cada vez que lo tiro, vuelve!

LLUVIA

Una mujer le dice a su esposo:

—¡Cariño ven aquí dentro, que está lloviendo!

Y él le responde:

—¡No, gracias, aquí afuera también llueve!

ABUELA

Una abuela está haciendo calceta. Como mueve las agujas a gran velocidad, una amiga le pregunta:

—¿Por qué vas tan deprisa?

—¡Porque quiero acabar el jersey antes de que se me termine la lana!

RATONIA

Un visitante llega a Ratonia y entra en una tienda de informática para comprar un ordenador.

—Escoja el que quiera —le dice el vendedor—, y no se preocupe, ¡en Ratonia todos los ordenadores se venden con ratón incluido!

SUEÑO DE ELEFANTE

¿Por qué los elefantes duermen de pie? ¡Porque si no, hundirían la cama!

VILLANUEVA

Un joven va a la taquilla de la estación de autobuses y dice:

—Deme un billete para Villanueva.

—¿Villanueva de Arriba o Villanueva de Abajo?

—¡Da igual, mis padres vendrán a buscarme a la estación!

HIERBA

Un hombre va por la calle y ve a otro hombre que está sentado en un parterre comiendo hierba.

—Pero ¿qué está haciendo? —le pregunta.

—Soy tan pobre que no tengo dinero para comprarme comida.

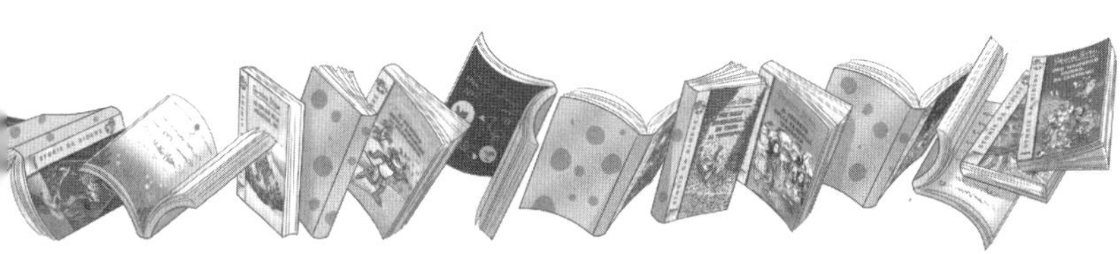

—Venga conmigo, donde yo como, también puede comer usted…
—Sí, pero tengo familia, ¿sabe? ¡Un montón de hermanos y hermanas!
—¿Cuántos son, en total?
—¡Veinte!
—¡Ah, pues vénganse todos conmigo! ¡En el jardín de casa hay hierba para dar y vender!

CHISTES DE COCHES, TRENES, BARCOS, AVIONES...

Un señor entra en la estación y le pregunta a un hombre que está en el andén:

—¿Cree usted que aún lograré subirme al regional que va a Valencia?

—Eso depende de lo rápido que corra. ¡Hace cinco minutos que ha salido!

PISTA

De noche, en un tren nocturno. El revisor se encuentra a un pasajero en pijama que está buscando su compartimento.

—Señor, ¿no recuerda el número que había encima de la puerta del compartimento?

—No, no me acuerdo en absoluto.

—¿No recuerda algún detalle?

—Hombre, ahora que lo dice... ¡cuando he salido, desde la ventanilla se veía un bosque!

¡QUÉ CANSANCIO!

Dos tipos pedalean en un tándem. Al poco rato, el de delante se para, sudoroso, y dice:

—¡Estoy reventado de tanto pedalear! ¿Tú no estás cansado?

—¡Qué va! ¡Desde que hemos salido me he pasado todo el tiempo frenando para no chocar contra ti!

¿ADÓNDE VA?

—¿Adónde va con tantas prisas?
—A coger un tren.
—Muy bien, pero después no se olvide de devolverlo, ¿vale?

EN LA COLA

Un tipo muy despistado circula con su coche por el centro. Al llegar a una calle, se pone tras una cola de coches. Pasan los minutos, las horas… hasta que una señora se le acerca y le dice:
—¡Oiga, usted, ¿no ve que los coches que tiene delante están aparcados?!

LA ABUELITA Y SU NIETO

Una señora pierde el tren y tiene que esperar a que llegue el siguiente. Cuando llega a su destino le dice a su nieto, que la estaba esperando:

—¿Has visto?, la abuelita ha perdido el tren.

Y el niño le responde:

—Sí, abuela, pero después lo has encontrado, ¿verdad?

ATENCIÓN

¿Por qué los ciclistas nunca quieren salir en hora punta?

¡Porque tienen miedo de pinchar!

¡DESPISTE!

Un tipo muy despistado entra en un bar y pide ayuda porque se ha dejado las llaves dentro del coche. Un señor le aconseja que coja un alambre y que lo pase por la ventanilla para levantar el pestillo de seguridad, y así podrá abrir la portezuela. Al cabo de un rato, en vista de que el tipo no ha regresado, el señor sale a la calle y ve a un nutrido grupo de gente tronchándose de risa alrededor del coche del tipo de las llaves.

—¿Por qué os hace tanta gracia que un señor se haya dejado las llaves dentro del coche? —pregunta, sorprendido.

—¡No nos reímos de eso, sino de que tiene un amigo dentro del coche!

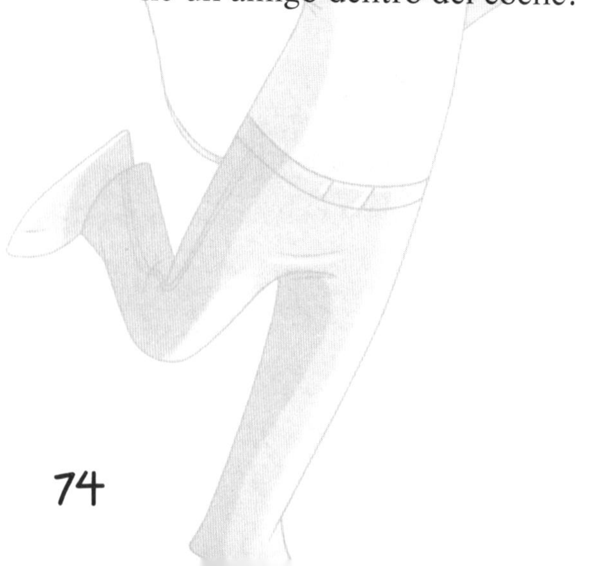

SEMÁFORO

Un señor para el coche delante de un semáforo, en pleno centro de la ciudad. Las luces empiezan a cambiar: verde, ámbar, rojo… hasta que un tipo que está detrás pierde la paciencia, sale de su coche, golpea la ventanilla del que se ha detenido y le dice:

—¿Qué pasa, es que aún no ha encontrado un color que le guste?

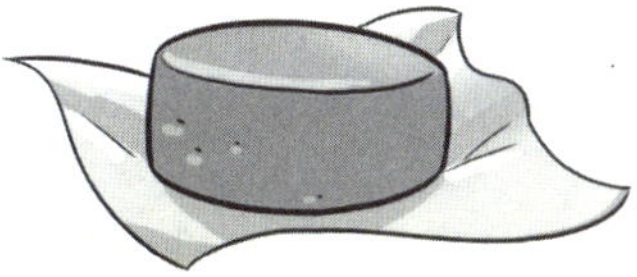

EN EL SOL

—Papá, ¿los hombres lograrán llegar al sol algún día?

—No lo creo: ¡allí arriba hace demasiado calor!

—¿Ah, sí? ¡Pues que vayan de noche!

BARCO

Un pasajero que viaja en un barco está mareado como una sopa. Va al capitán y le pregunta:

—Capitán, ¿y ahora qué tengo que hacer?

—¡No se preocupe, enseguida lo descubrirá!

TRAJE DE COMUNIÓN

¿Cómo hace la comunión la hija del capitán?
¡Con un traje de marinera!

TRANSATLÁNTICO

Una señora que está de crucero se encuentra al capitán y le comenta:
—Es la primera vez que hago un crucero: me pregunto si esta clase de embarcaciones se hunden a menudo.
Y el capitán, mirando fijamente el horizonte, le responde:
—¡No! ¡Nunca sucede más de una vez!

JUEGOS DE PALABRAS TONTOS

Un señor entra en una barbería y el peluquero le dice:

—Bueno días, ¿cómo quiere que le corte el pelo?

El señor le responde:

—¡Quiero que me lo corte bien!

DIETA

—Si quieres adelgazar, lo mejor son diez manzanas al día.

—¿Crudas? ¿Cocidas? ¿Verdes? ¿Maduras?

—¡Corriendo, perezoso, corriendo!

DE PESCA

—¿Qué haces? ¿Estás pescando con una caña de azúcar?

—¡Pues claro! ¡¿No ves que estamos en agua dulce?!

ELECTRODOMÉSTICOS

Una tostadora le dice a una plancha:

—¡Uf, no soporto al ventilador: se da unos aires…!

EL ARTE DE LA ESCRITURA DE GERONIMO STILTON

¿Con qué pluma escribe Geronimo Stilton?
¡Está chupado: con una Stiltongráfica!

PARA DORMIR COMO LOS ANGELITOS

—¿Mamá, no podrías soltarme uno de tus sermones? ¡Es que hoy no logro dormirme ni a la de tres!

RIQUÍSIMO

¡Mi padre es tan rico que no sabe expresarse con un vocabulario pobre!

UNO QUE ESTÁ DE PASO

—Disculpe, ¿aquello que se ve allí arriba es el sol o la luna?

—No sabría decirle… ¡no soy de por aquí!

EN UNA ZAPATERÍA

—Buenas, ¿tienen zapatos del 39?
—¡No, todos lo que tenemos son de después de la Segunda Guerra Mundial!

CIELO

¿Cómo es que el cielo nunca tiene picores?
¡Porque utiliza los rasca...cielos!

CONTRARIOS

¿Qué es lo contrario de enredar?
¡Muy fácil: enre-quitar!

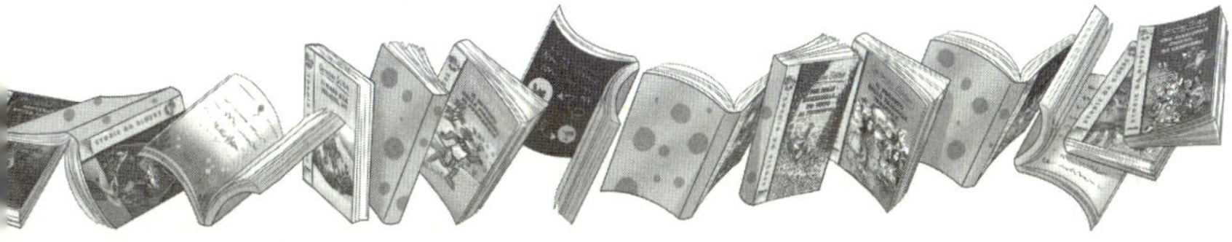

¡AMIGAS!

Dos ratas un poco obtusas se estrechan la pata y juran amistad eterna.
—Júrame que nunca me dejarás.
—Ah, no, eso no lo puedo jurar.
—¿Por qué? ¿Es que ya no eres mi amigo?
—¡Sí, pero dentro de poco tendré que dejarte porque me iré a casa a merendar!

CALOR SOFOCANTE

¿Qué es lo que más desea un periódico en el desierto?
¡Una noticia fresca!

CUANDO ERA PEQUEÑO

Cuando era pequeño, mi abuela me llevó a comer a un restaurante al aire libre. Empezó a llover… ¡y tardé tres horas en acabarme la sopa!

CONTRARIO

—¿Sabes que es lo contrario de otorrinolaringólogo?
—No, ¿y tú?
—¡Yo sí: ogológniralonirroto!

OTRO CONTRARIO

—¿Y sabes qué es lo contrario de la derecha?
—¡Ahora sí: achered!
—¡No hombre, no, pero ¿qué dices? ¡Lo contrario de la derecha es la izquierda!

ARENA

¿Por qué en el desierto hay tanta arena? ¡Porque antiguamente todos los relojes se fabricaban allí!

PREGUNTA DE HISTORIA

La maestra de Historia pregunta a un alumno:
—¿En qué se convirtió el príncipe Francisco José a la muerte de su padre?
—¡En huérfano!

GATO NEGRO

¿Sabes a quién le da más mala suerte cruzarse con un gato negro?
¡A los ratones!

LUJO ESPACIAL

¿Cuál es el planeta más elegante del espacio?
¡Saturno, porque tiene un anillo!

¡SUERTE!

¡Menos mal que nací en España, porque si llego a nacer en China, no habría entendido ni una palabra!

BOLA DE CRISTAL

Una mujer va a casa de un adivino y le dice:

—Quiero saber el futuro.

—¿De qué verbo?

DOS MANZANAS

Dos manzanas amigas están dando un paseo, y una se queda mirando a la otra y le dice:

—¿No crees que tendrías que adelgazar un poco? ¡Mira que culo y qué piernas tienes!

—¡Me da igual, siempre he querido ser una pera!

DEBERES

—¿Por qué estás estudiando con una bolsa de hielo en la cabeza?

—¡Para tener la mente fresca!

PERRITO

—¡Mi perro tiene ocho patas! —le dice un loco a otro.

—¡No puede ser!

—Ya lo creo: ¡dos delante, dos detrás, dos a un lado y dos al otro!

GUSTOS

Un plato de arroz sin sal conoce a un plato de gambas al ajillo.

—¡Mucho gusto en conocerle! —dice el plato de arroz.

—¡No, no, el gusto es mío! —responde el plato de gambas.

CONSTELACIONES

¿Adónde van las estrellas por las mañanas?
¡A la Vía Láctea, porque quieren desayunar!

MÁS ESTRELLAS

Dos trenes chocan frontalmente y los maquinistas ven las estrellas. ¿Por qué?
¡Porque circulaban por la Vía Láctea!

LA MÁS LENTA

¿Cuál es la escalera más lenta de subir?
¡La escalera de caracol!

LLAVE INGLESA

¡Qué le dice la llave inglesa al mecánico?
¡Okay, boss!

RELOJ ESTROPEADO

—¡Mi reloj va al revés!
—¿Cómo lo sabes?
—¡Porque en lugar de hacer tic-tac, hace tac-tic!

SUPERSTICIÓN

¿Supersticioso, yo? Ni en broma, ¿es que no sabes que ser supersticioso trae mala suerte?

ENGREÍDO

—Papá, papá... ¿qué significa «engreído»?

—¡Me alegro de que me lo preguntes, porque nadie en el mundo podría responderte mejor que yo!

JÓVENES PAREJAS

¿Cuál es el mejor país para las parejas jóvenes que tienen hijos y quieren salir de noche?

Australia, porque tiene muchos canguros.

ÁRBOLES

Si con los pinos se hacen estanterías, con los bonsáis se hacen… ¡mondadientes!

LEJOS

Era un hombre que vivía tan lejos, tan lejos… ¡que el cartero tenía que enviarle las cartas por correo!

NOTICIAS

—Tengo que darle dos noticias.
—Empiece por la buena.
—¡Lo siento, las dos son malas!

PAN CON PAN

—¿Qué le dice una barra de pan a otra?
—¡Te presento a una miga!

DE PUEBLO

¿Cuál es el pan que más detesta vivir en las grandes ciudades?
¡El pan rústico!

SOBRIO

¿Cuál es el pan más sobrio de todos?
¡El pan seco!

COINCIDENCIAS

¿En qué se parecen una barra de pan y una herida?
¡En que las dos tienen costra!

ENVIDIA

¿Qué dice el panecillo envidioso de la baguette?

¡Psé, cómo se las da de francesa, la larguirucha esa!

AMOR A PRIMERA VISTA

Una jovencita muy mona está tomando el sol en la playa. Un señor pasa por delante, se detiene y le pregunta:

—¿Usted cree en el amor a primera vista, o quiere que pase otra vez?

CENICIENTA

¡Era un príncipe tan feo, tan feo, que Cenicienta se fue de la fiesta cuando aún no habían dado las once y media!

RECIÉN CASADOS

Ella: ¿Esta mañana has recibido correo?
Él: Sí, una carta.
Ella: ¿De quién?
Él: ¿Para qué quieres saberlo?
Ella:¡Hay que ver, chico, mira que llegas a ser curioso!

CELOS

—María, ¿cuándo dejarás de ser tan celosa?
—Cuando me llames por mi nombre… ¡me llamo Antonia!

VELADA ROMÁNTICA

Un fantasma le explica a otro fantasma:
—He pasado una velada fantástica con una fantasmita muy mona, ¡pero al final me he dado cuenta de que era una camisa tendida que habían puesto a secar!

EN EL CINE

Un chico y una chica que están en el cine no paran de cuchichear. Al cabo de un rato, una señora se vuelve y les dice:

—¡A ver si hacéis el favor, chicos, que no se oye nada!

Y el chico le responde:

—¿Y a usted qué le importa? ¡Son cosas nuestras!

EN LA COSTA

—Querido, ¿adónde iremos de vacaciones? ¿A la Costa Brava, a Costa Rica, a la Costa Dorada…?

—¡Me parece que este año iremos a la que menos costa!

ESQUELETOS

Dos esqueletos, en una cita:

—¡Querida, llegas tan tarde que ya estaba a punto de irme!

—¡Lo siento, pero es que no sabía qué huesos ponerme!

AMOR

DIVORCIO

Un niño está haciendo los deberes y le pide a su madre que le ayude:

—Mamá, ¿cómo dirías la frase «Hoy me divorcio», pero en futuro y usando la palabra «mañana»?

La madre le responde:

—Mañana me divorciaré.

El niño se echa a llorar y dice:

—¡No, mamá, no lo hagas!

PLATOS

La esposa le dice a su marido:

—Tú lavarás los platos y yo los secaré.

Pero en cuanto el marido acaba de fregar los platos, ella le dice:

—¿Sabes qué? ¡Mejor que yo los lave y tú los seques!

PRIMER AMOR

Dos ancianitos están sentados en un banco, y uno le pregunta al otro:

—¿Qué diferencia hay entre tu primer amor y una canción de moda?

—¡Que el primer amor ya ni me suena!

GALANTERÍA

En una cena de etiqueta, un hombre está sentado junto a una señora. En un momento dado, la mujer se vuelve hacia su vecino y le dice:

—Señor mío, es usted todo un caballero… Es la sexta vez que me besa la mano… ¡Estoy conmovida!

—Ah, ¿no se lo había comentado? —le responde él—. ¡Lo que pasa es que el camarero no me ha puesto servilleta!

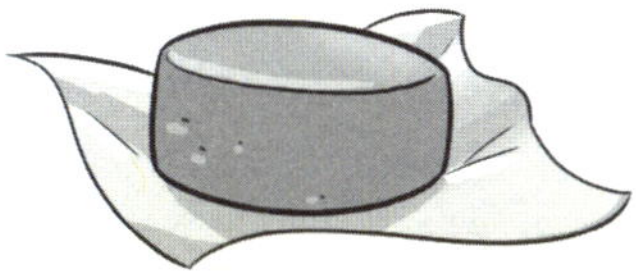

UN CONSEJO

Jamás te enamores de un jardinero, seguro que… ¡te dejará plantada!

OTRO CONSEJO

Jamás te cases con un agricultor… ¡tu matrimonio no valdría un pimiento!

EL PROFESOR MACACO

Cuando el profesor Macaco daba clases en la universidad, sus alumnos se aburrían mucho: ¡siempre se iba por las ramas!

HEREDEROS

Una joven muy rica le dice a su novio:

—Empiezo a sospechar que sólo quieres casarte conmigo porque mi tío de América me ha dejado en herencia un millón de dólares.

—No seas tonta. ¡A mí me da igual quién te lo haya dejado!

CON AMOR

—¡José Luis, eres muy seco! —le dice una chica a su novio—. Nunca me dices nada con amor.

—¿Con amor? —dice él, y se pone a pensar—. ¡Ya lo tengo! ¡Amortiguador!

CHISTES DE MAR Y MONTAÑA

Dos hermanos están jugando en la nieve con un trineo.

—¡Tenéis que usarlo por turnos! —les dice su madre.

—Sí, mamá, ya lo hacemos. ¡Yo lo uso para bajar, y él para subir!

CHISTES

Jaimito llega a la playa con un libro de chistes bajo el brazo. Su tía le dice:

—Escucha, Jaimito, ¿este libro no será de chistes sucios?

—No, tía. ¡Acabo de comprarlo! ¿Ves? ¡Está limpísimo!

EN LA PLAYA

Una niña se queda mirando el mar y después le pregunta a su abuela:

—Abuelita, ¿crees que ya habrán cambiado el agua?

—¡No! ¿Por qué?

—¡Porque ayer estaba salada!

PESCA

Miguel y Pedro están en la playa. Miguel está pescando. Pedro le pregunta:

—Miguel, ¿cuáles han sido los frutos de tu pesca?

—¿Cómo quieres que tenga frutos si en el mar no hay árboles?

CASAS

Dos niños se van a veranear a la montaña por primera vez en su vida.

—¿Por qué crees que aquí hacen las casas de madera?

—¡Me parece que es porque necesitan la piedra para construir las montañas!

EXCURSIONES

¿Qué diferencia hay entre una excursión al mar o a la montaña?
Que si vas a la montaña, sólo has de coger la mochila y una cantimplora con agua, mientras que si vas al mar, te has de llevar el parasol, la tumbona, la crema solar, las toallas y toda la pesca.

NIEVE

¿Sabes por qué la nieve cae en copos?
Porque si cayera en forma de nudos, ¿cómo se desharía?

VACACIONES APROPIADAS

Dos amigos se encuentran después de las vacaciones y comentan cómo les ha ido. El que tiene una tienda de pesca salada dice:

—Fuimos a la Costa Brava y nos lo pasamos bomba. ¿Y tú?

Su amigo, que es pastelero, le responde:

—¡Yo fui a los Lagos de Covadonga, porque son de agua dulce!

EL COLMO DE LA SARDINA

¿Cuál es el colmo de una sardina?

¡Que en lugar de bañarse en el mar, prefiera… ducharse!

MARES

—A ver, Carlitos, ¿sabrías enumerarme los mares «de colores»?
—Hay cinco: el Mar Rojo, el Mar Negro, el Mar Amarillo, el Mar Blanco y el Mar… rón!

VIAJERO

¿Cuál es el colmo de un viajero?
¡Ir a pasar las vacaciones de Navidad a la Isla de Pascua!

MALEDUCADO

En la playa, un señor muy enfadado se acerca a una mujer que está hablando con una amiga y le dice:

—Señora, ¿sabe que su hijo me ha enterrado la ropa en la arena?

—No puede haber sido él, porque mi hijo está en el agua. ¡Fíjese, está jugando a hundir su sombrero en el mar!

MAR Y MONTAÑA

SIESTA

¿Qué hace un pastor mientras duerme la siesta?
¡Cuenta ovejas!

EL ¿SABEN AQUÉL?

—¿Por qué no le has devuelto a Sara su pluma?

—¡Lo habría hecho, pero es que tiene grabada la inscripción «Tuya para siempre»!

PAYASO

Un payaso le pide un aumento de sueldo a su jefe, y éste le responde:

—¡Ay, qué bueno! Llevas veinte años trabajando para mí, ¡y ésta es la primera vez que me haces reír!

AUTOBUSES

Un señor llega a la parada del autobús y le pregunta a otro señor que está sentado en el banco:

—Disculpe, ¿hace mucho que no pasa el autobús?

—No lo sé.

—¿Cuánto tiempo lleva usted aquí?

—Una hora.

—¿Y en todo ese rato no ha visto pasar ninguno?

—¡No, porque soy ciego!

EL ¿SABEN AQUÉL?

ENCUENTRO FILOSÓFICO

Se encuentran dos filósofos por la calle y uno le pregunta a otro:
—Perdona, ¿sabes qué hora es?
—¡No, pero podríamos discutirlo!

¡JA, JA, JA!

Un señor va caminando por la calle y ve a otro que va hacia él tronchándose de risa.
—¿Qué es lo que le hace tanta gracia? —le pregunta.
—¡Es que me acabo de contar un chiste buenísimo!

UN LITRO DE GASOLINA

—Doctor, doctor, mi hijo se ha tragado un litro de gasolina, ¿qué puede hacer?

—Hombre, pues si va a una velocidad moderada, veinte quilómetros los hace.

LOS TRES CERDITOS

¿Saben aquél de los tres cerditos que se fueron a bañar en fango? Mira… será mejor que no te lo explique porque… ¡es un poco marrano!

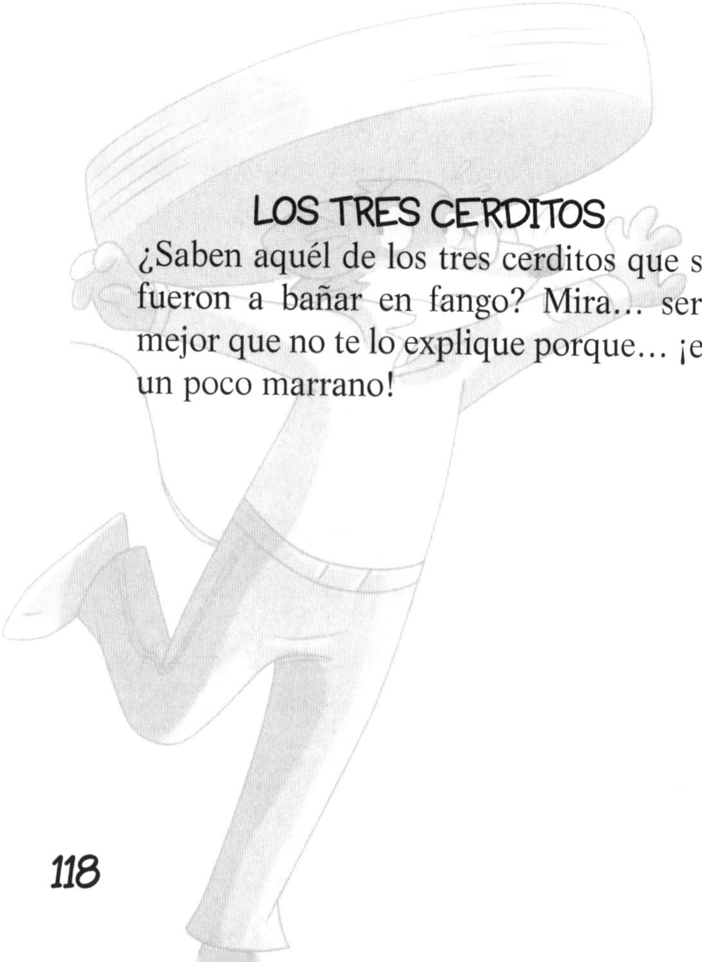

ENCUENTRO

Un señor cree reconocer a un viejo amigo al otro lado de la calle. Cruza y dice:

—¡Mario, amigo mío, cómo has cambiado!

—Bueno, la verdad es que yo…

—Antes eras alto y ahora eres bajito; antes eras calvo y ahora, mira qué rizos, antes estabas gordo y ahora estás delgado como un palillo.

—¡Pero si me llamo Juanito!

—Lo que yo digo, ¡si hasta te has cambiado el nombre!

EN EL AVIÓN

¿Por qué los cretinos se visten con ropa deportiva cuando han de tomar un avión?

—Porque hay un cartel que pone: «*No smoking!*».

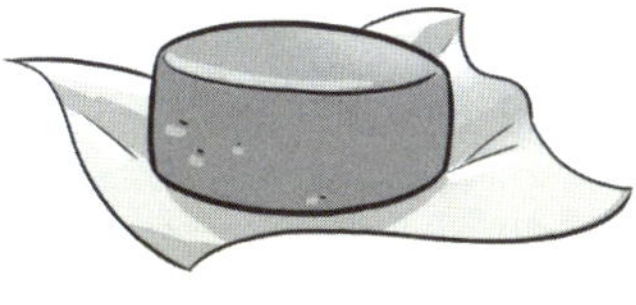

EN EL MISMO AVIÓN

La azafata le pregunta a un caníbal que viaja en el avión:

—¿Le traigo el menú?

Y el caníbal le responde:

—¡No, mejor tráigame la lista de los pasajeros!

CARAMELOS

¿Por qué los bobalicones nunca comen caramelos verdes de menta?

¡Porque se creen que aún no están maduros!

PINTORES

Dos memos están pintando una habitación. Uno pinta la pared y el otro el techo. En un momento dado, el de abajo le dice al otro:

—¡Agárrate un segundo a la brocha, que he de apartar la escalera!

SERPIENTE

—¡Mamá, mamá... me ha picado una serpiente!

—¿Cobra?

—¡No, lo hace gratis!

LA OTRA ACERA

—Disculpe, ¿ésta es la otra acera?

—¡No, ésta no, es la otra!

—¡Pues vaya, cuando estaba en el otro lado, me han dicho que era ésta!

PICADURA DE ABEJA

—Una abeja me ha picado en la mano…

—¿Cuál?

—Ah, yo qué sé, ¡a mí todas las abejas me parecen iguales!

SIMPLÓN

¡Un simplón no sabe si es mejor quedarse callado y pasar por simplón, o hablar y demostrar claramente que sí lo es!

GLOTONERÍA

¿Qué harías para mantener entretenido a un glotón durante un par de horas? ¡Encerrarlo en una habitación circular y decirle que hay un paquete de patatas fritas en una de las esquinas!

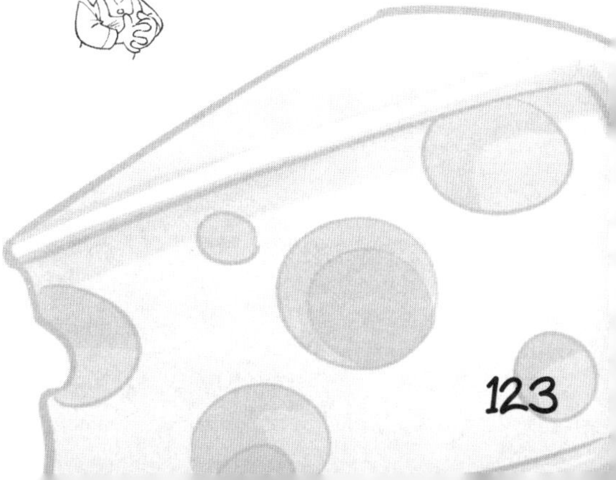

EL ¿SABEN AQUÉL?

LIBROS

Un tipo con pocas luces se encuentra a un amigo y le explica:

—¡Me he comprado un libro fantástico. Se titula *Cómo resolver el 50 % de tus problemas*!

—Ah, muy bien, ¿y dices que te lo has comprado?

—Sí, me he comprado dos…

CHISTES MALOS

Dos amigas se encuentran en la calle.

—¿De dónde vienes?

—¡Del instituto de belleza!

—Y estaba cerrado, ¿a que sí?

EN LA TELEVISIÓN

«Interrumpimos nuestra programación para anunciarles una noticia extraordinaria. Un enorme meteorito está a punto de chocar contra la tierra. A continuación, los detalles de la inminente catástrofe, pero antes... ¡demos paso a la publicidad!»

SEMILLAS

Un tendero está comiendo semillas de manzana. Otro lo ve y le pregunta:

—¿Por qué come semillas de manzana?

—¡Porque desarrollan la inteligencia!

—Ah, pues entonces póngame diez.

—De acuerdo, será un euro.

El señor se las empieza a comer y después dice:

—Pero, ahora que lo pienso, ¡con un euro me hubiera podido comprar un kilo de manzanas!

—¿Ve cómo es verdad que desarrollan la inteligencia?

EN FORMA

Dos amigos se encuentran y uno le pregunta al otro:

—¿Cómo consigues estar tan en forma?

—Practico mucha bicicleta estática. Deberías probarlo.

El otro se va a casa y piensa en ello un buen rato. Finalmente decide que, como no tiene bicicleta estática, ¡lo hará con una moto que tiene aparcada en el garaje de casa!

EN ALTA MAR

¿Cómo se reconoce a un tonto en un submarino?

¡Es el único que lleva puesto el paracaídas!

CHISTES MALOS STOP

EN ALTA MAR II

¿Y cómo se reconoce al segundo tonto? ¡Es el único que intenta robarle el paracaídas al primer tonto!

AHORRO

Un señor muy rico, pero muy avaro, lleva de cabeza al mayordomo con su manía de ahorrar a toda costa.

Cuando el mayordomo cocina, le dice:

—Ahorra gas.

Cuando plancha, le dice:

—Ahorra electricidad.

Cuando responde al teléfono, le dice:

—Ahorra en la llamada.

Finalmente, el mayordomo no puede más y le dice:

—¿Puedo darle mi opinión?

Y el señor le responde:

—¡Ahórrate las palabras!

NOTICIAS

Un chico muy pillastre vende periódicos en una esquina de la calle.

—¡Edición extraordinaria: 200 estafados! ¡Edición extraordinaria!

Un señor le compra un diario.

—¡Edición extraordinaria: 201 estafados!

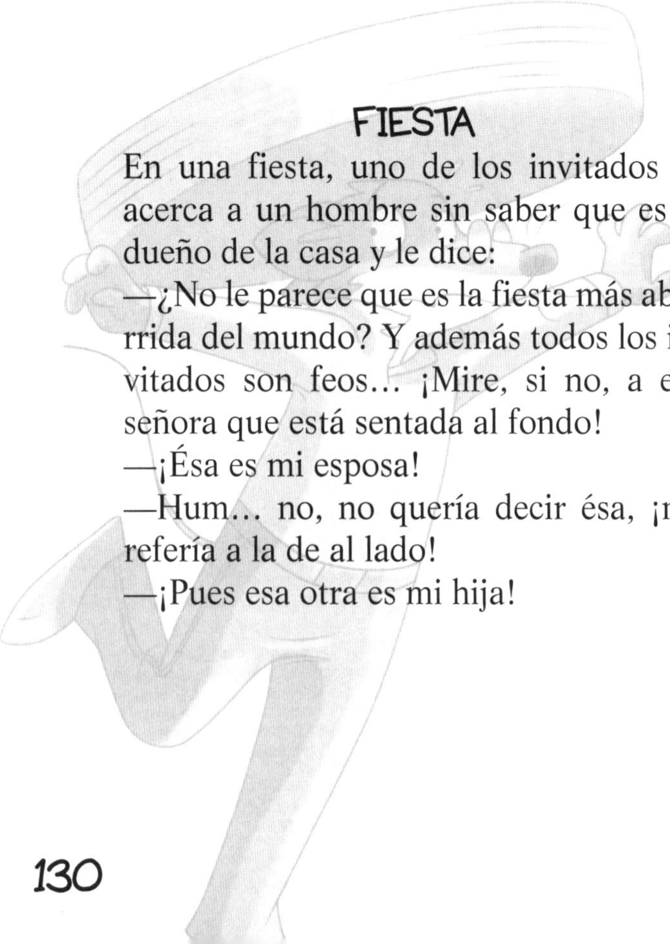

FIESTA

En una fiesta, uno de los invitados se acerca a un hombre sin saber que es el dueño de la casa y le dice:

—¿No le parece que es la fiesta más aburrida del mundo? Y además todos los invitados son feos... ¡Mire, si no, a esa señora que está sentada al fondo!

—¡Ésa es mi esposa!

—Hum... no, no quería decir ésa, ¡me refería a la de al lado!

—¡Pues esa otra es mi hija!

BAILE

En una sala donde están celebrando un baile con muchos invitados, un joven se acerca a una señorita que nadie ha sacado a bailar en toda la velada.

—¿Baila, señorita? —le pregunta educadamente.

—¡Ya lo creo! —responde ilusionada la chica, levantándose de golpe.

—¡Pues qué suerte! —dice el joven, al tiempo que se sienta en la silla que acaba de quedar libre—. Estaba tan cansado…

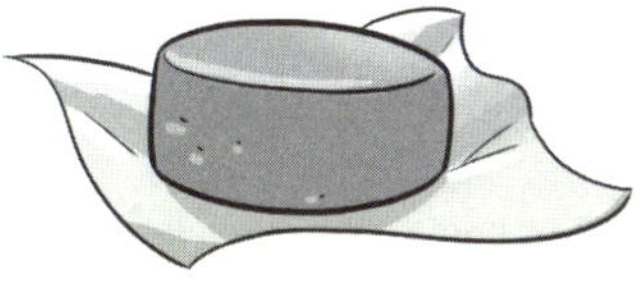

¡EN VOZ ALTA!

Ana va en un tren con su madre y no para de susurrarle cosas al oído.

—Ana, ¿cómo he de decirte que es de mala educación hablarle a la gente al oído? ¡Si quieres preguntarme algo, hazlo en voz alta!

—Ah, muy bien… ¿Cómo es que esta señora de aquí delante está tan gorda y tiene la nariz tan torcida?

CHISTES TELEFÓNICOS

¿Por qué las modelos se pasan tanto rato al teléfono?

¡Para mantener la línea!

GRACIOSILLO

Un señor llama por teléfono:

—¡Holaaaa...! ¿Es el nueve, cuatro, dos, ocho, seis, siete, nueve, uno, cuatro?

—Sí, sí, no, sí, sí, no, sí, no, sí. Seis de nueve... ¡no está mal, a ver si la próxima vez tiene más suerte!

MALEDUCADO

Rinnnnng...

—Disculpe, ¿es el 243 51 96 17?

—No, ¿por quién pregunta?

—¡Y a usted qué le importa!

FANFARRÓN

Una señora descuelga el teléfono y hace ver que está hablando con un ministro. Cotorrea sin parar:

—Sí, señor ministro, claro, entiendo que usted tiene muchas responsabilidades.

La mujer prosigue con su comedia, esta vez simulando que habla con el presidente.

A todo eso, llega su yerno y le dice:

—¡Qué cosas, acabo de cruzarme con el técnico de la compañía telefónica y me ha dicho que en este edificio no funciona ningún teléfono!

E.T.

E.T. llega a la Tierra, descuelga el teléfono y dice:

—¡E.T., mi casa, teléfono!

La telefonista responde:

—Si desea realizar una llamada interplanetaria, serán cinco mil euros el minuto.

Y E.T. responde:

—¡E.T., mi casa, por carta!

GUARDIÁN PERFECTO

—Soy el señor Menéndez y llamo para hablar del perro pastor alemán que hoy me he llevado de la perrera…

—¿Qué tal? ¿A que es un buen guardián?

—¡Es perfecto! Precisamente… ¡quería preguntarle qué tengo que hacer para que me deje entrar en casa!

10 MINUTOS

—¿Lo ves? Siempre te quejas de que me paso demasiado rato hablando por teléfono... Y esta vez sólo he estado diez minutos!

—¡Muy bien! ¿Y quién era?

—¡Uno que se había equivocado!

CONFUSIÓN

—Hola, ¿eres tú?

—¡No, no soy tú, soy yo!

EQUIVOCACIÓN LAMENTABLE

—Hola, ¿está mamá?

—No, me parece que se equivoca: ¡soy huérfano!

POCO CONTACTO

Un señor llama a casa de su hermana y se pone su sobrino.

—Hola, guapo, soy el tío Ramón. ¿Está mamá?

—No, no está.

—¡Y papá?

—Tío, hace mucho que no llamabas, ¿verdad?

—¿Por qué lo dices?

—¡Porque mis padres hace tres años que se separaron!

FACTURA TELEFÓNICA

¿Cómo se puede ahorrar con la factura del teléfono?
¡Hablando más fuerte por la ventana!

SERVICIO RAPIDÍSIMO

Era una pizzería tan rápida tan rápida, que cuando los clientes llamaban por teléfono para encargar una pizza, el encargado les decía:
—¡Muy bien, el chico del reparto ya hace un rato que ha salido hacia su casa!

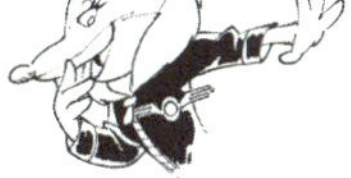

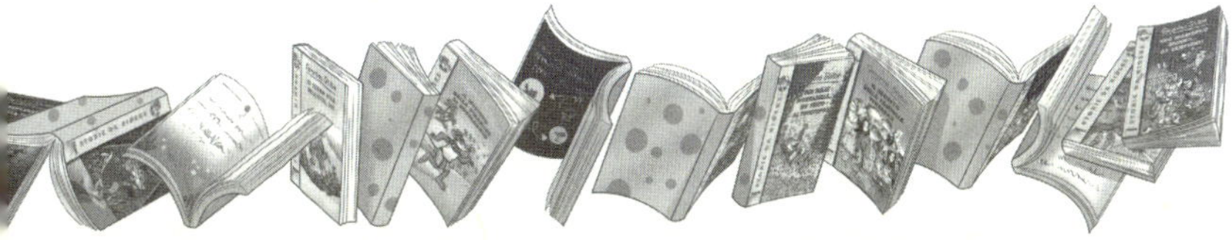

CHISTES EN FAMILIA

Un señor le dice a su esposa:

—Cariño, ¿sabes una cosa? ¡El médico me ha dicho que deje de jugar al tenis!

—Ah... ¿él también te ha visto jugar?

NARIZ

Un niño está mirando por la ventana con la nariz totalmente pegada al cristal. Su madre le dice:

—¡Si haces eso, se te encogerá la nariz!

Y el niño le responde:

—Bah, no pasa nada: ¡diré otra mentira y volverá a ser como antes!

COLADA

—Mamá, ¿qué haces?

—Estoy cargando la lavadora con tu ropa y poniéndole doble de suavizante: ¡así, si te caes, no te harás daño!

GOLOSO

—Luis, ¿te has comido un trozo de tarta?

—¡No, mamá!

—No mientas, ¿no ves que te pones colorado?

—¿Ah, sí? ¡No sabía que la tarta te hiciera poner colorado!

¡QUÉ HAMBRE TENGO!

—¡Mamá, tengo hambre!

—¡Pero si sólo son las once y media!

—¡Ya, pero es que mi estómago adelanta!

FAMILIA

PEREZOSA

Había dos hermanas, una de las cuales era muy perezosa. Un día estrenaron unas literas, y la hermana perezosa dijo:

—¡Yo dormiré en la cama de arriba!

Su hermana, que ya sabía que la otra era muy vaga, se la quedó mirando con extrañeza y le preguntó:

—¿Estás segura de que quieres dormir arriba?

—¡Sí, sí, porque así, cuando suene el despertador, tendrás que levantarte tú a apagarlo!

FAMILIA

PERDIDO

Pablito va a los grandes almacenes con su madre, pero a la salida, con tanta gente, madre e hijo se separan. Entonces, Pablito se acerca a una dependienta y le pregunta:
—Disculpe, ¿ha visto pasar a una señora sin mí?

BILLETE DE BANCO

El pequeño Marcos vuelve a casa la mar de contento y le muestra a su madre un billete de 100 euros.
Su madre le pregunta:
—¿Estás seguro de que alguien lo ha perdido?
—¡Ya lo creo! ¡Incluso he visto al señor que lo estaba buscando!

FAMILIA

PADRE DISTRAÍDO

Mamá no se siente bien y le pide a su marido que bañe al pequeño Enrique.

—¿Ves, chiquitín, qué bien nos las arreglamos sin mamá? —dice el padre.

—Sí, papá, pero la próxima vez que me bañes, antes de ponerme en la bañera podrías quitarme el jersey, ¿no te parece?

PREGUNTA Y RESPUESTA

¿Qué harías si te estuvieras ahogando en alta mar?

¡Llorar para desahogarme!

EL YETI

¿Cuál es la tienda preferida del Abominable Hombre de las Nieves?
¡La Sirena, porque allí venden toda clase de congelados!

CORRIENTE

¿Cómo se llama la hija del electricista?
¡Electra!

¡VUELA!

¿Qué nombre recibe una alfombra cuando se cae del balcón?
¡Alfombra voladora!

EXIT

—¡Nos han cerrado todas las salidas! ¿Por dónde saldremos ahora?

—¡Pues por la entrada!

LA REUNIÓN DE LOS ANIMALES

¿Cómo puedes meter una jirafa en la nevera?

Abres la puerta y la haces entrar.

¿Cómo puedes meter un elefante en la nevera?

Abres la puerta, sacas la jirafa y lo haces entrar.

En la selva hay una reunión de todos los animales, pero falta uno. ¿Sabes cuál es?
El elefante, porque se ha quedado encerrado en la nevera.

Tienes que cruzar un río donde suele haber muchísimos cocodrilos. ¿Cómo lo haces?
Lo cruzas tranquilamente, porque los cocodrilos están en la reunión de los animales.

LLAMA

¿Qué le dice un fósforo a una vela?
¡Un día me harás perder la cabeza!

PREGUNTA Y RESPUESTA

USO

¿Qué cosa es sólo tuya pero todos la usan continuamente?
¡Tu nombre!

FÚTBOL

¿Cómo se visten los futbolistas cuando juegan en casa?
¡Con bata y zapatillas!

CHISTE ELÉCTRICO

¿Qué le dice un cable a otro cable?
—¡Tú y yo, juntos, seríamos los intocables!

TURISTA

¿Cuál es el colmo de la prudencia en un turista?
¡Ir de vacaciones a la Tierra del Fuego y contratar un bombero como guía!

ESTACIONES

¿Cuál es la línea de metro más corta de todas?
¡La del año, porque sólo tiene cuatro estaciones!

PREGUNTA Y RESPUESTA

DESPEDIDA

¿Qué le dijo el granjero al gallo antes de matarlo?
—¡Vamos, no me seas gallina!

RELOJ

¿A qué hora exacta alquilaron tres amigas un cuarto en un hotel?
¡Faltaba un cuarto para las tres!

PROFESIONALIDAD

¿Qué hace un sastre cuando quiere librarse de un cliente?
¡Un desastre de traje!

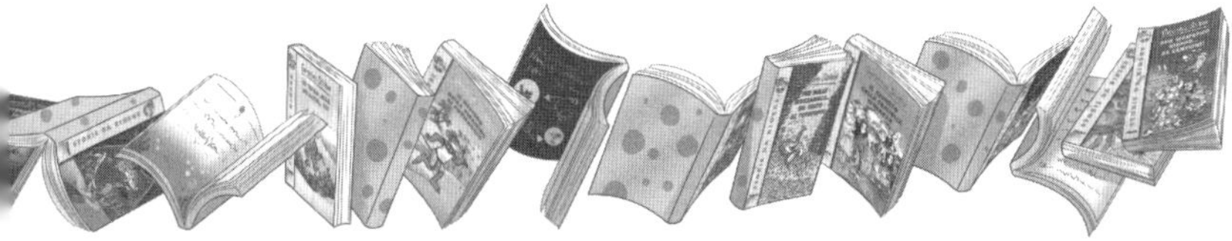

EN EL DESIERTO

¿Qué hace un tío espabilado para tener sombra en el desierto?

¡Correr tras los aviones!

ELEFANTE

¿Por qué un elefante no puede viajar fuera del país?

¡Porque su huella dactilar no cabe en el pasaporte!

BZZZ...

¿Por qué una mosca siempre mira a ambos lados de la calle antes de cruzar?

¡Por si las moscas...!

PREGUNTA Y RESPUESTA

EN VENECIA

¿Para qué quiere un gondolero un mando a distancia?

¡Para cambiar de canal!

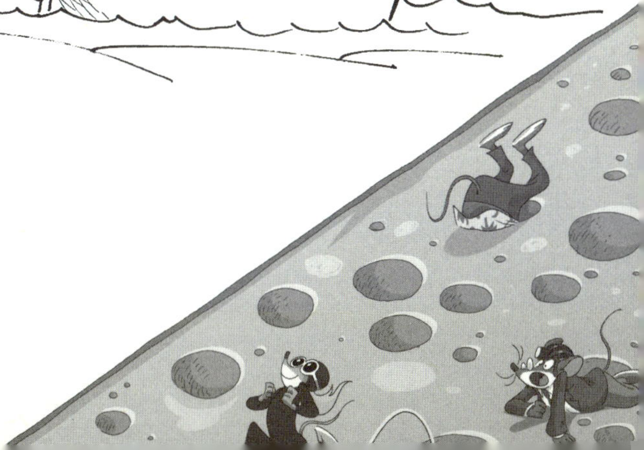

PREGUNTA Y RESPUESTA

SEPULTURERO

¿Cuál es el objeto que más detestan los sepultureros?

¡El salvavidas!

FABRICANTES

¿Cuál es el colmo de un fabricante de aspirinas?

¡Tener muchos dolores de cabeza!

ENFERMEDAD DIURNA

¿Cuál es la enfermedad diurna más molesta de todas?

¡La día-rrea!

HOTEL RITZ

¿Por qué cuando un óptico va de vacaciones jamás se hospeda en un hotel de cinco estrellas?
¡Porque cuesta un ojo de la cara!

EN LA GALERÍA DE ARTE

¿Qué le dice un cuadro a una pared?
—¡Perdona que te dé la espalda!

ZAPATILLAS

¿Qué le dice una zapatilla a otra?
—¡Llevamos una vida muy arrastrada!

PREGUNTA Y RESPUESTA

PASTOR

¿Qué le dijo el pastor a su hijo cuando se dio cuenta de que estaba loco?

—¡Hijo mío, estás como una cabra!

PUGILATO

¿En qué se parece un boxeador a un telescopio?

—¡En que los dos te hacen ver estrellas!

PARECIDO RAZONABLE

¿En qué se parece una camisa vieja a un hotel de baja categoría?

—¡En que ninguno tiene botones!

SOPA DEL DÍA

Le dice el camarero al cliente:
—Le aconsejo la sopa del día.
—Pero ¿de qué día es?

JUGANDO EN CASA

¿Quién es aquel que, aun jugando en casa, si llueve se moja?
¡Un jugador de fútbol!

ASTRONAUTA

¿De qué se quejaba el astronauta?
¡De falta de espacio!

DESPISTADO

Pedrito era muy despistado, y cuando quiso matricularse en la Universidad de Barcelona, el secretario le dijo que no era posible.

—¿Por qué no? —preguntó Pedrito, indignado.

—¡Porque siempre estás en la luna de Valencia!

POLÍGLOTA

¿Qué dice una llave inglesa cuando no entiende de qué le hablan?

I don't understand!

TINTA DE ULTRAMAR

¿Cuál es la tinta que vive más lejos?
¡La tinta china!

LOS PIRINEOS

—Mamá, mamá, ¿sabes dónde están los Pirineos?
—¡Pregúntaselo a tu padre, que es el que lo pierde todo!

ZURDOS

¿Por qué los zurdos se levantan siempre de mal humor?
¡Porque siempre se levantan con el pie izquierdo!

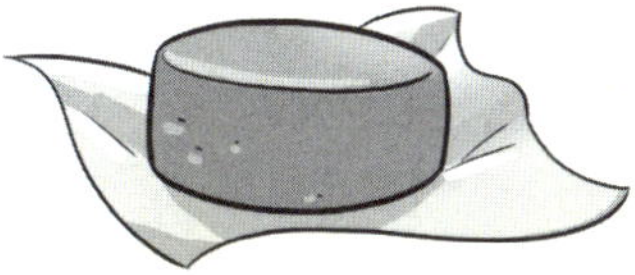

DOLOR DE MUELA

Un niño vuelve a casa después de haber ido al dentista y su padre le pregunta:
—¿Qué? ¿Todavía te duele la muela?
—No lo sé, porque se la ha quedado el dentista.

SIN AMIGOS

¿Cuál es el gusano que no tiene amigos?
¡La tenia, por eso la llaman la solitaria!

FORTACHÓN

¿Cuál es el animal más fuerte del mundo?
¡El hormigón armado!

EL COLMO DE LOS COLMOS

¿Cuál es el colmo de la añoranza?

¡Ir al extranjero en coche y hacerle un agujero a la rueda para sentir el aire de tu país!

PAYASO

¿Cuál es el colmo de un payaso?
¡No saber sonreír en las fotos!

INFORMÁTICA

¿Cuál es el colmo de un ordenador?
¡Estar de vacaciones en el pueblo y no tener el programa de fiestas!

PIRATA

¿Cuál es el colmo de un pirata?
¡Tener un hijo y decirle todo el día que es su tesoro!

CANGURO

¿Cuál es el colmo de un canguro estudiante?
¡Saltarse el primer día de clase!

¡QUÉ DULZURA!

¿Cuál es el colmo del fabricante de caramelos?
¡Tener una novia empalagosa!

PERRO INSISTENTE

¿Cuál es el colmo de un perro insistente?
¡Taladrar de tanto ladrar!

ABOGADO

¿Cuál es el colmo de un abogado?
Que el GPS le diga que tiene que seguir derecho.

MATEMÁTICO

¿Cuál es el colmo de un matemático?
¡Tener una paciencia elevada al infinito!

DRAGÓN

¿Cuál es el colmo de un dragón?
¡Tener la garganta inflamada!

GATO

¿Cuál es el colmo de un gato?
¡Tener que pasarse el día andando a gatas!

FOCA MODELO

¿Cuál es el colmo de una foca modelo?
¡Quedar desenfocada en las fotos!

TRAGAFUEGOS

¿Cuál es el colmo de un tragafuegos?
¡Tener ardores de estómago!

DICCIONARIO

¿Cuál es el colmo de un diccionario?
¡Perder al Apalabrados!

ROCA SORPRENDIDA

¿Cuál es el colmo de una roca sorprendida?
¡Quedarse de piedra!

SUBMARINISTA

¿Cuál es el colmo de un submarinista?
¡Ahogarse en un vaso de agua!

ÓPTICO

¿Cuál es el colmo de un óptico?

¡Tener que tomar una decisión y no verlo claro!

CUADERNO

¿Cuál es el colmo de un cuaderno de matemáticas?

¡Que no le salgan las cuentas!

CAJERO AUTOMÁTICO

¿Cuál es el colmo de un cajero automático?

¡Que le salga el dinero por las orejas!

PERRO PASTOR

¿Cuál es el colmo de un perro pastor?
¡Ser uno más del rebaño!

ÁNGEL

¿Cuál es el colmo de un paracaidista?
¡Tener la cabeza en las nubes!

FANTASMA

¿Cuál es el colmo de un fantasma?
¡Que se beba un vaso de Fanta y le dé un ataque de asma!

ABANICO

¿Cuál es el colmo de un abanico?
¡Darse aires de importancia!

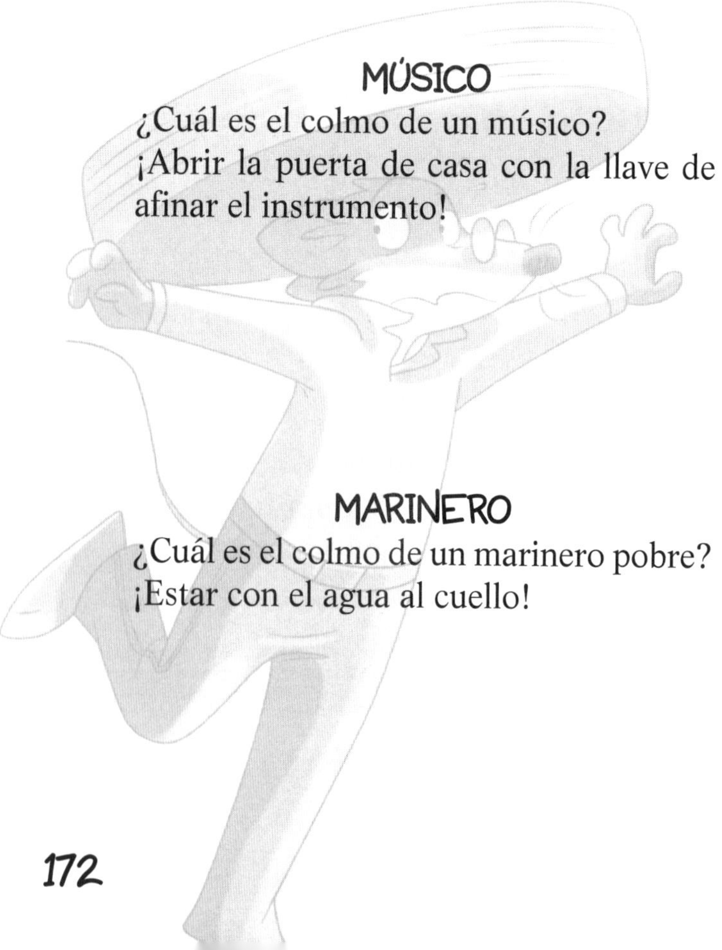

MÚSICO

¿Cuál es el colmo de un músico?
¡Abrir la puerta de casa con la llave de afinar el instrumento!

MARINERO

¿Cuál es el colmo de un marinero pobre?
¡Estar con el agua al cuello!

FABRICANTE DE MUEBLES

¿Cuál es el colmo de un fabricante de muebles?
¡No saber adoptar una postura cómoda!

BARBERO

¿Cuál es el colmo de un barbero?
¡Que se le escape el tren por los pelos!

BÁRBARO

¿Cuál es el colmo de un bárbaro?
¡Estar casado con una mujer que se llame Bárbara y que además tenga barba!

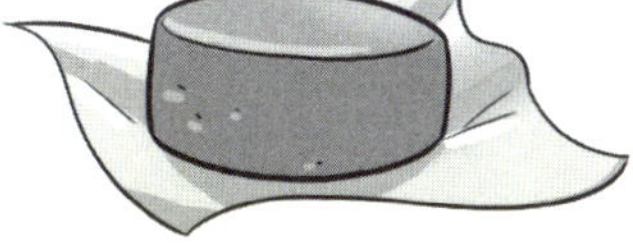

ARQUITECTO

¿Cuál es el colmo de un arquitecto?
¡Hacer castillos en el aire!

TOCINERO

¿Cuál es el colmo de un tocinero?
¡Tener que deslomarse trabajando todos los días!

FLOR

¿Cuál es el colmo de una flor?
¡Que se marchite su belleza!

PRINCESA CAPRICHOSA

¿Cuál es el colmo de una princesa caprichosa?
¡Darle un beso a un príncipe con la esperanza de que se convierta en una rana!

PROFESORA

¿Cuál es el colmo de una profesora?
¡No tener la menor clase!

EGOCÉNTRICO

¿Cuál es el colmo de un egocéntrico?
¡Pasarse todo el día jugando con el yoyó!

GUARDIA URBANO

¿Cuál es el colmo de un guardia urbano?
¡Dirigir el tráfico con una cabeza de ajos porque va bien para la circulación!

ACTOR

¿Cuál es el colmo de un actor?
¡Perder los papeles!

PARADO

¿Cuál es el colmo de un parado?
¡No poder parar quieto ni un momento!

SOCORRISTA

¿Cuál es el colmo de un socorrista?
¡Llamarse Salvador!

HISTORIADOR

¿Cuál es el colmo de un historiador?
¡Tener amnesia!

CHISTES DE MÉDICOS

Un señor va al médico.

—Doctor, la medicina que me recetó para la memoria no me ha ido nada bien.

—¿Cuál era?

—¡Pues ahora no me acuerdo!

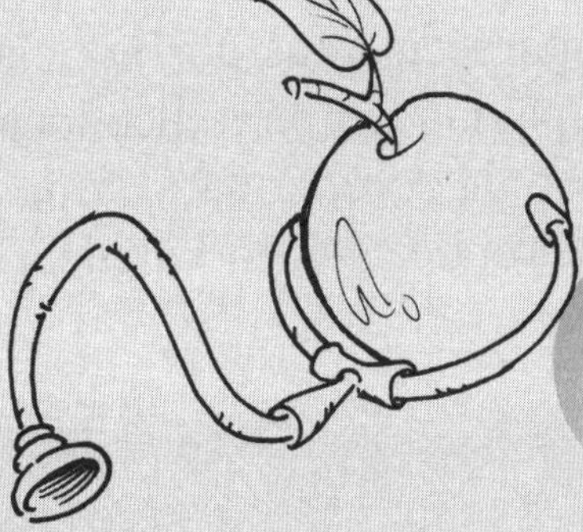

SOLUCIÓN BARATA

Un hombre va al médico porque tiene serios problemas de diarrea.

—Eso tiene fácil solución, pero por desgracia el medicamento que debería prescribirle es muy caro —le dice el médico.

—¿Y no existe alguna otra solución más económica?

—Verá, hay una opción muy económica y muy sencilla. Tiene que conseguirse un tapón de corcho, y cuando llegue a casa insertárselo en el culo.

El hombre hace lo que le ha dicho el médico con la esperanza de que funcione. Pasan los días, y al cabo de tres semanas aparecen estas dos noticias en la primera página del periódico local:

«Un tapón de corcho mata a una vaca»,

«Inundación de caca en Valencia».

ZAPATOS

—Doctor, ¿qué puedo hacer con el sudor de los pies?

—¿Por qué no se hace unos agujeros en los zapatos?

VETERINARIO ESPECIALIZADO

En una cena de veterinarios, cada uno dice cuál es su animal preferido. Uno de ellos comenta:

—¡Pues a mí, el animal que más me gusta es el loro!

—¿Por qué? —le preguntan los demás.

—¡Porque cuando viene a la consulta y le pregunto si le duele algo, en vez de ladrar o maullar, como hacen los demás animales, él me lo explica!

RATÓN

—¡Doctor, mi mujer se acaba de tragar un ratón!

—¡Ahora mismo voy para allá! Entretanto, dígale que mantenga la boca bien abierta y póngale delante un pedazo de queso.

Cuando llega el médico se encuentra a la mujer con la boca abierta y una sardina delante.

—Pero ¡qué ha hecho, le dije un trocito de queso, no una sardina!

—¡Sí, ya lo sé! ¡Pero es que antes tendremos que hacer salir al gato!

LENGUAS

Dos niños hablan de sus padres, y uno le dice al otro:

—Mi padre conoce tres lenguas.

—Pues el mío conoce al menos cien… ¡Es dentista!

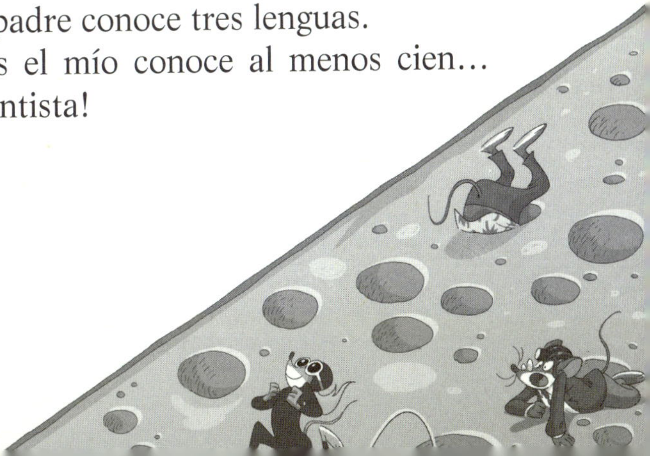

JARABE

Un médico le está diciendo a su paciente que tome cinco cucharillas de café llenas de jarabe, cuando éste lo interrumpe:

—¡Es imposible, doctor! ¡Sólo tengo cuatro cucharillas!

EL PRIMITO

El pequeño Luis va con su madre al hospital a ver a su tía, que acaba de dar a luz. Cuando ve al bebé, Luis se queda muy impresionado: la criatura está muy arrugada y no tiene pelo.

Entonces le dice a su tía:

—¡Ahora entiendo por qué lo tuviste tanto tiempo escondido en la barriga!

MIOPE

—¡Doctor, creo que necesito gafas!

—¡Desde luego, porque esto es una charcutería!

PORTARSE BIEN

Un médico regaña a su paciente:

—¡A partir de ahora, nada de grandes comilonas, nada de salir de juerga todas las noches, nada de coñac bueno ni de cigarros habanos!

—¿Hasta que mejore? —le pregunta el paciente.

—¡No, hasta que pague lo que me debe!

DIETISTA

—Mi mujer ha ido a un famoso dietista.

—¿Y le ha ido bien?

—Bueno, ella pesa lo mismo, pero su cuenta bancaria está bastante más ligera…

PESO IDEAL

El doctor está tratando a un paciente que padece obesidad.

—Si corre diez kilómetros al día durante un año, alcanzará su peso ideal.

Al cabo de un año, el doctor recibe una llamada telefónica:

—¿Sí, doctor? He perdido un montón de kilos, pero ahora tengo otro problema… ¡Estoy a 3.650 kilómetros de casa!

SETAS

—Doctor, ¿podría indicarme qué setas puedo comer?

—¡Puede usted comerlas todas, pero le aseguro que de algunas no volverá a repetir!

MANCHITAS

Una señora va al oculista porque ve unas manchitas en los ojos. El oculista le prescribe unas gafas gracias a las cuales, ahora, ve las manchas... ¡mucho más grandes!

CHISTES DE FRUTA Y VERDURA

Un extranjero se detiene ante un puesto de fruta y verdura y dice:

—Quii... uu... de... ah... ci... manzanas.

—Disculpe, ¿ha dicho que quiere un kilo de qué?

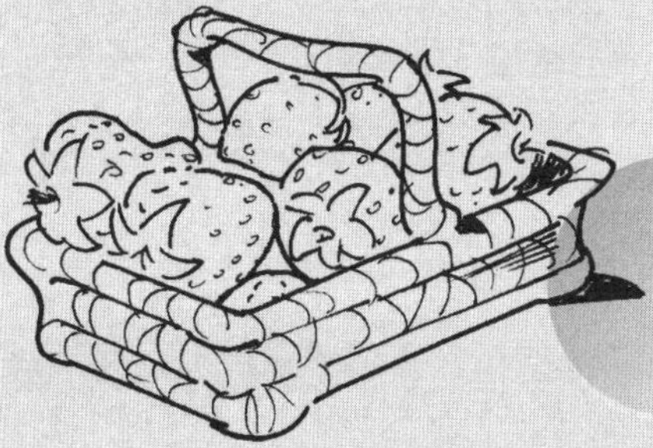

PATATA HIPOCONDRÍACA

—¿Qué le dijo la patata al médico?
—¡Doctor, como soy un tubérculo, lo más seguro es que tenga tuberculosis!

EN EL HUERTO

—Abuelo, ¿por qué has esparcido esa cosa tan apestosa junto a las tomateras?
—Es estiércol, para que crezcan más deprisa.
—Ah, ya lo entiendo. Quieren hacerse altas para dejar de oler esa peste…

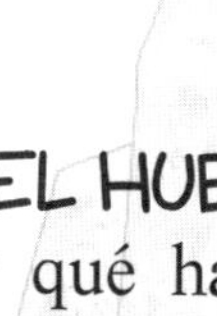

CAMPESINO MATEMÁTICO

¿Cuáles son las raíces favoritas del labrador matemático?
¡Las raíces cuadradas!

PERFUME

Dos hombres compran una veintena de cerdos, y cuando han de guardarlos, uno le pregunta al otro:
—¿Dónde los metemos?
—Los guardaremos dentro de tu casa —dice el primero.
—¿Y el olor?
—¡Bah, ya verás como se acostumbran enseguida!

BURRO

El hijo de un labrador llega corriendo a casa y le dice a su padre:

—¡Papá, papá, el burro se ha caído al pozo!

—Pues ya sabes lo que te toca: tendrás que llevarle avena todos los días, ¡que agua ya tiene de sobras!

CHISTES DE JAIMITO

—Papá, papá, ¿a ti te gusta limpiar los cristales?

—Para nada, Jaimito, es muy pesado...

—¡Ah, entonces puedes estar contento, porque acabo de romper uno!

MANAZAS

La maestra le dice a Jaimito:

—Jaimito, si tengo siete peras en una mano y siete peras en la otra… ¿qué tengo?

—¡Unas manos enormes!

CALIGRAFÍA

—Jaimito, ¿por qué escribes con esa caligrafía tan pequeña?

—¡La hago así con la esperanza de que no se vean las faltas de ortografía!

ALADINO

Jaimito está jugando en el desván cuando de pronto ve un candil.

—¡Mamá, mamá, mira! ¿Y si es la lámpara de Aladino?

—Piensa un deseo y frótala.

Jaimito empieza a frotar la lámpara y dice:

—Quiero una casa lujosa y una gran piscina.

Entonces se forma una nubecilla de humo y aparece el genio de la lámpara, que se lo queda mirando y le dice:

—Escucha, guapo, ¿tú crees que si yo tuviera una casa lujosa y una gran piscina viviría encerrado dentro de una lámpara?

¡AL RICO HELADO!

—Mamá, mamá, ¿me puedes dar dos euros para un pobre hombre que está gritando en la calle?

—Jaimito, ¡qué corazón más grande tienes! ¿Y qué es lo que grita ese infortunado?

—Hum… «¡Helados a dos euros!».

MATEMÁTICAS

—Jaimito, ¿para qué sirven las raíces cuadradas?

—¡Para hacer árboles muy feos!

ESTUDIO

Mamá le dice a Jaimito:

—¿Tú sabes qué es el estudio?

—Sí, mamá, es el alimento de la mente.

—¡Exacto!

—¡Pero es que resulta que hoy estoy a dieta!

ASTRONOMÍA

La profesora explica en clase:

—La Tierra gira alrededor del Sol.

Y Jaimito pregunta:

—¿Entonces, por la noche, qué hace? ¿Se para?

LECHE

Jaimito va a la granja a comprar leche.
—¿Cómo la quieres, guapo, entera?
—¡No, no, pártamela por la mitad!

CARTA BLANCA

—Jaimito, ¿qué quiere decir «carta blanca»?
—¡Significa que envías una hoja sin nada escrito metida en un sobre!

ADIVINANZA

Jaimito le pregunta a un compañero de clase:
—A ver si lo adivinas. Es ligera, blanca, cae en invierno y acaba en «TE».
Después de mucho pensar, su compañero se rinde, y Jaimito dice:
—¡La nieve, ignorante!

HELADO

Jaimito compra una bola de helado con cucurucho y entonces una mosca se posa encima.

—¿Qué hace esta mosca en mi helado? —protesta.

Y el heladero le responde:

—¡Está aprendiendo a esquiar!

AZÚCAR

—Jaimito, ¿de dónde se extrae el azúcar?
—¡Del azucarero, señorita!

HERMANA

Mamá regaña a Jaimito y le dice:
—Has llamado fea a tu hermana, y ahora está llorando. Ve y dile que lo sientes.
Jaimito va a la habitación de la niña, y le dice:
—¡Hermanita, siento que seas tan fea!

PATAS

La profesora le pregunta la lección a Jaimito:

—Dime el nombre de cuatro cuadrúpedos.

Y Jaimito responde:

—¡Un perro, un gato, un caballo y dos gallinas!

MADRES

—Esta tarde llevaré a Jaimito al oculista.

—¿Ah, sí? ¿Y cómo es eso?

—¡Porque no puede ni ver los libros de texto!

EDUCADAMENTE

Mamá ha comprado una tarta para sus hijos.

—Toma, Jaimito —le dice al mayor—. Compártela educadamente con tu hermano Luis.

—¿Qué quiere decir «educadamente»?

—Quiere decir que le cederás a tu hermano el trozo más grande.

Jaimito se queda pensativo y por fin se vuelve hacia su hermano y le dice:

—Toma, Luis, coge tú la tarta y compártela educadamente…

CHISTES DE NEGOCIOS Y DE OFICIOS

Una señora que está comprando en unos grandes almacenes, llama a la dependienta:

—Verá, me he probado un montón de sombreros y todos me vienen grandes...

—Señora, los sombreros están en la segunda planta. ¡Ésta es la sección de pantallas para lámparas!

COCHECITO

Un señor entra en una tienda y dice:
—Buenos días, vengo a pagar el último plazo del cochecito.
—Ah, muy bien —dice el dependiente, y añade—: ¿Y el niño, cómo está?
—¡Estoy bien, gracias!

CAMBIO

Un hombre entra en una tienda y pide cambio:
—¿Podría cambiarme este billete de 1.000 euros por tres de 500, por favor?
—Querrá usted decir por dos de 500…
—No, señor, si sólo me da dos de 500, entonces, ¿dónde está el favor?

EMPANADAS

Un señor vende empanadas en un puesto callejero:

—¡Empanadas, empanadas, empanadillas!

Un hombre que pasa por delante le pregunta:

—¿Cuánto cuestan las empanadas?

El vendedor le responde:

—Las empanadas cuestan un euro.

—¿Y las empanadillas?

—¡Un eurillo!

¡DESPERTADOR!

—¡Señor Hernández, ¿qué hace durmiendo en el despacho?

—Hum, disculpe, pero es que esta noche mi hijo no me ha dejado dormir.

—¡Muy bien! ¡Pues haga usted el favor de traerlo a la oficina; así lo mantendrá despierto!

PESCADOR

En un río, un pescador espera en silencio a que los peces piquen.
Un chico que pasa por allí le pregunta:
—¿Qué, ha picado alguno?
—¡Sí, un mosquito, en mi nariz!

EN EL PARQUE

Un niño de corta edad va al parque con su nueva canguro, y cuando regresan a casa la madre empieza a gritar:

—¡Pero si éste no es mi hijo!

Y la canguro responde:

—¡Escuche, señora, usted me dijo que si se ensuciaba, lo cambiase!

TRABAJO

—Julián, qué mala cara haces…

—Tengo un trabajo espantoso: me levanto a las cinco de la mañana, y me paso todo el santo día cargando y descargando cajas.

—¡Y desde cuándo llevas esta vida?

—¡Desde el lunes que viene!

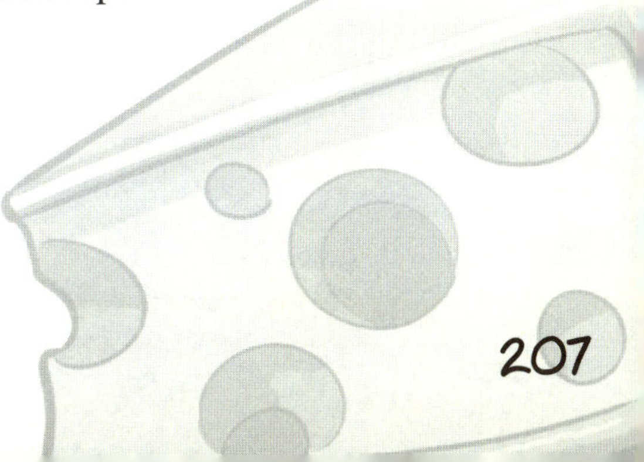

ÓPTICO

Dos hermanos muy pobres entran en una óptica.

—Queremos unas gafas bifocales.

—Ah, muy bien. ¿Los dos quieren el mismo modelo?

—No, no, sólo queremos unas. ¡Mi hermano mirará por la parte de arriba y yo por la de abajo!

ZAPATERO REMENDÓN

Una señora entra en una tienda de reparación de calzado y dice:

—Buenos días, quisiera que le pusiera suelas nuevas a estos zapatos. ¿Cuándo puedo pasar a buscarlos?

—Mañana —le responde el zapatero.
Al día siguiente la señora entra en el taller y pregunta:
—¿Qué, ya ha terminado mis zapatos?
Y el zapatero le suelta:
—Señora, ¿es que no le dije mañana?

CONSEJOS DE RELOJERO

Una señora habla con un amigo relojero:
—Verás, mi marido es muy pesado, se pasa el día hablando, no calla ni debajo del agua. ¿Qué crees que podría hacer?
—¡Muy fácil, no le des cuerda!

FORMAS DE GANARSE LA VIDA

Un chico se encuentra a su prima, después de mucho tiempo sin verse, y le pregunta:

—¿Cómo te ganas la vida últimamente?

—Con las manos: hago manicuras. ¿Y tú?

—Pues yo, con los puños: ¡soy boxeador!

EL MISMO PIE

Un señor entra muy enfadado en una zapatería con un par de zapatos en la mano:

—Vengo a reclamar: ¡esta mañana usted me ha vendido dos zapatos del mismo pie!

—Pero ¿por qué no ha venido usted antes? Se los hubiéramos cambiado de inmediato…

—Hubiera venido antes, pero llevo dos horas andando en círculos.

COMPRAS NAVIDEÑAS

Un día antes de Navidad, un multimillonario y su esposa entran en una galería de arte y compran cinco cuadros de Van Gogh, tres de Picasso, quince de Dalí y una docena de Monet.

Cuando ya están en la calle, el multimillonario le dice a su mujer:

—¡Bien, ahora que tenemos las felicitaciones de Navidad, ya podemos ir a comprar los regalos!

EL CLIENTE MANDA

Un hombre va a la frutería y le pide a la dependienta:

—Por favor, póngame un kilo de limones.

—Aquí los tiene.

—Muchas gracias, ¿cuánto es?

—Pues un kilo, como usted me ha pedido.

TARTA ESPECIAL

Una señora entra en la pastelería y protesta:

—¡Mire qué le digo, la tarta que me llevé ayer estaba llena de moscas!

—Ah, lo siento, debí de equivocarme, porque me pidió la más barata que tuviésemos, sin relleno. ¡Y ahora, si es tan amable, hágame el favor de pagar la diferencia!

99 AÑOS

Un periodista televisivo acaba de entrevistar a un señor de noventa y nueve años y lo despide con estas palabras:

—¡Espero que el año que viene podamos volver a hablar cuando celebremos el aniversario de sus cien años!

—¿Por qué lo dice? ¿Es que no está bien de salud?

SUPERMERCADO

Durante la noche, una banda de ladrones roba en un supermercado. A la mañana siguiente, el propietario cuelga un cartel junto a la puerta:

«¡Hasta los ladrones prefieren nuestros productos!».

OCULISTA

—Estoy muy preocupado: ¡llevo todo el día viendo puntitos luminosos!

—¿Ya has visto a un oculista?

—¿A un oculista? ¿Qué pinta un oculista en todo esto? ¡Te estoy diciendo que lo que veo son puntitos luminosos!

CHISTES DE BARES Y RESTAURANTES

Un cliente le dice a la camarera:

—¡Esta tarta está espantosa!

—¡Pero si es nuestra especialidad! ¡Llevamos años sirviéndola!

—Ah, pues ahora lo entiendo... ¡Tráigame algo que esté un poco más fresco!

OBEDIENTES

Un grupo de amigos entran en un bar y se sientan a una mesa. El camarero se acerca y les dice:

—Hola, decidme qué queréis.

Y todos los amigos repiten a coro:

—¡¿Qué queréis?!

AVARICIOSO

—¿Podría decirme cuánto cuesta el plato del día?

—Ocho euros.

—Ah, ¿y por el de ayer, cuánto me cobraría?

OSTRAS

—¿Cómo prefieres las ostras, con limón o con pimienta?

—¡Con perla!

RELOJ MULTIFUNCIONES

Dos amigos se encuentran en un bar y uno le dice al otro:

—¡Caramba, qué reloj más chulo!

—¿Sí? ¡Pues a mí me parece que me han timado!

—¿Ah, sí, y eso?

—Me dijeron que con este reloj lo podría hacer todo, hasta ducharme... ¡Pues llevo media hora con el brazo levantado y aún no ha caído ni una gota de agua!

ASTRONAUTA LISTILLO

¿Qué es lo que pide un astronauta espabilado antes de salir del restaurante?
¡La cuenta… atrás!

COSTUMBRES

Un señor que siempre va a la misma pizzería y se sienta a la misma mesa, va al dentista. Por la noche, a la hora de cenar, se dirige a la pizzería de siempre y la camarera le dice:
—Buenas noches, ya tengo su mesa preparada.
—No, hoy prefiero sentarme en el rincón.
—¿Y cómo es eso? —le pregunta, perpleja, la camarera.
—¡Porque el dentista me ha dicho que coma por el otro lado!

PIZZA DEL AÑO

¿Cuál es la pizza que puede comerse todo el año?
¡La cuatro estaciones!

PIZZA COMPLICADA

Un cliente muy meticuloso entra en una pizzería.
—Quiero una pizza Nuevos Ministerios, Callao, Gran Vía y Noviciado.
—Muy bien, señor —le responde el camarero y, dirigiéndose al cocinero, canta el pedido—: ¡Alfredo, una cuatro estaciones para el señor!

PIZZA CAPRICHOSA

Una señora muy pesada entra en una pizzería y le dice al camarero:

—Quisiera una pizza muy especial: con dos trozos de masa alargados, uno arriba y otro abajo, y sin queso ni tomate dentro. En su lugar, me pone una salchicha y mostaza.

El camarero, que ya ha perdido la paciencia, le responde:

—¡Señora, usted no quiere una pizza, usted lo que quiere es un perrito caliente!

MALENTENDIDO

Un señor entra en una tienda de artículos de broma y narices postizas, y se queda muy impresionado al ver la narizota llena de verrugas de un dependiente muy anciano.

—¿Aún fabrican narices como la suya? —le dice.

Y el anciano le responde:

—¡Pues no, mi madre ya hace muchos años que murió!

EL TREN ELÉCTRICO

Juanito se lo está pasando bomba con el tren eléctrico que le han regalado.

Cuando llega la hora de la cena, su madre lo llama para que vaya a la mesa, y como Juanito no aparece, le dice:

—Juanito, ¿qué piensas hacer? ¿Vienes a la mesa y cenas con nosotros, o prefieres ir al vagón restaurante?

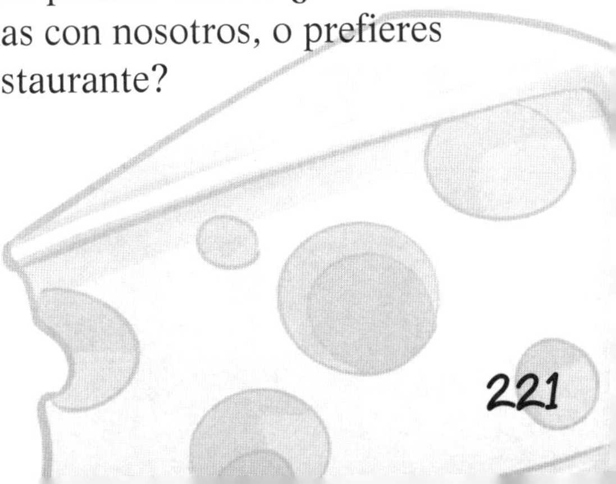

CLIENTE TACAÑO

Un cliente entra en un restaurante y le dice al camarero:

—Quisiera un menú infantil, de cuatro euros.

—Pero, señor, ¿cuántos años tiene usted?

—¡Cuarenta, pero mi madre siempre me dice que soy como un niño!

CHISTES DEL COLEGIO

Un profesor le pregunta al alumno:

—¿Qué es el ácido sulfúrico?

—Hummm... Profesor, lo tengo en la punta de la lengua...

—¡Pues será mejor que lo escupas... que es muy tóxico!

ENTRE COMPAÑEROS

—¡He ganado el premio al niño más tímido!

—¿Ah, sí? ¿Y en qué consiste?

—¡Me da vergüenza decirlo!

AMABILIDAD

Mamá se ha dado cuenta de que la pequeña Sara tarda mucho en prepararse para ir a la escuela y le pregunta qué le pasa.

La pequeña le responde:

—¡He decidido que hoy me quedaré en casa, así la profesora tendrá un poco de paz y tranquilidad!

CIENTÍFICO

—Iván, ¿por qué le das chocolate a las gallinas?

—¡Porque así pondrán huevos de pascua!

COLOQUIO ENTRE SIGNOS DE PUNTUACIÓN

—¡Esto es así! —dijo muy seguro de sí mismo el signo de exclamación.

Pero el signo de interrogación se lo quedó mirando y replicó:

—¿Y eso por qué?

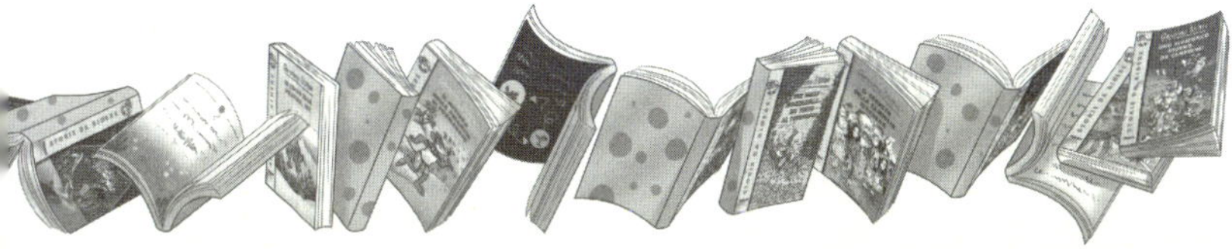

CIENCIAS NATURALES

Dos niños charlan en el patio del colegio:

—Ayer, en la tele, pasaron un documental sobre los animales de la sabana y vi por primera vez un elefante.

—¿Ah, sí? ¿Y cómo son?

—Uf, ni te lo imaginas... ¡Aunque no te lo creas, tienen una cola muy larga encima de la boca!

SATISFACCIÓN

Mamá le pregunta a su hijo:

—¿Está contento de ti el profesor?

—Yo diría que sí…

—¿Y tú de él?

—¡Ufff, yo muchísimo… ¡Imagínate, me ha dicho que si todos los alumnos fueran como yo, ya habría tenido que cerrar el colegio!

HABLADOR

La profesora regaña a Jaimito al final de la clase:

—Mira, Jaimito, te has pasado toda la clase charlando y eso no puede ser. ¿Sabes qué haremos? ¡Mañana que venga a buscarte tu madre, y hablaremos con ella!

—¡Ah, estupendo, pero le advierto de que ella es mucho más parlanchina que yo!

EL MUNDO DEL REVÉS

Tras una reunión de los padres con la profesora, cuando éstos vuelven a casa, su hijo les pregunta:

—¿Qué tal ha ido? ¿Qué os ha dicho de mí?

—Nos ha dicho que es una pena que no vivas en el mundo del revés.

—¿Y qué ha querido decir con eso? —pregunta el niño, la mar de intrigado.

—¡Pues que en el mundo del revés tú serías el primero de la clase!

PREGUNTAS

Una maestra nueva entra en clase y le pregunta a Jaimito:

—¿Cómo te llamas?

—Jaimito.

—¿Y de apellido?

—Fernández.

—¿Por qué pones esta cara de satisfacción?

—¡Porque estoy muy contento de haber sabido responder todas las preguntas a la primera!

POR LÓGICA

—A ver, dime, Martita, ¿cómo se llama la mujer que hace guardia?
—Guardiana.
—¿Y la mujer que cultiva el huerto?
—Hortelana.
—¿Y la que cultiva el campo?
—¡Campana!

¿SABES QUIÉN SOY?

Un alumno a la puerta de la escuela empieza a decir:
—El director es un…
Le interrumpe una niña:
—Pero ¿tú sabes quién soy yo?
—No…
—¡Soy la hija del director!
—Ah, ¿y tú sabes quién soy yo?
—No…
—¡Uf, suerte!

INSTRUMENTOS

En clase de música, la señorita dice:

—Vosotros tocaréis la flauta y yo os acompañaré con el instrumento que escojáis. ¿Cuál queréis que toque?

—¡El timbre de salida!

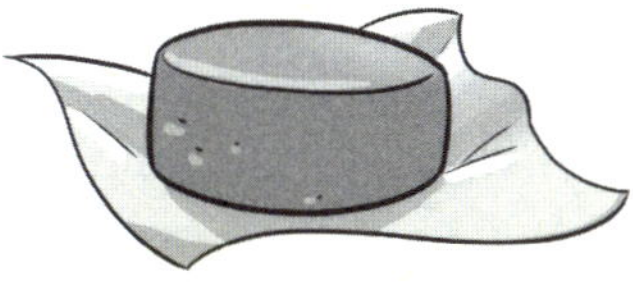

PARVULARIO

Fernandito ha empezado a ir al parvulario, pero todas las mañanas se harta de llorar. Un día, cuando su madre va a buscarlo, encuentra a la profesora muy contenta.

—¡Hoy, su hijo ha hablado!

—¿Ah, sí, y qué ha dicho?

—¡Quiero a mi mamáaaa!

FUTURO

Un día, la profesora les pregunta a sus alumnos qué quieren ser de mayores, y Jaimito dice:

—¡Yo apagaré fuegos!

—¿Ah, sí? ¿Y eso por qué?

—¡Porque mi padre siempre dice que tengo ideas de bombero!

LECHE

—Ramón, ¿por qué tu redacción sobre la leche es tan cortita?
—¡Es que hablo de la leche condensada!

PRIMER DÍA DE ESCUELA

Mamá espera con ansiedad la llegada de su hijita tras el primer día de clase.
En cuanto la niña llega a casa, le pregunta:
—¿Qué tal, cómo ha ido?
—Bien, pero he estado un poco preocupada…
—¿Preocupada? ¿Por qué?
—Pues porque era el primer día que te dejaba sola en casa…

SARTENES

La profesora le pregunta a un alumno:

—Mateo, dime una palabra que lleve «m».

Y Mateo le responde:

—¡Sartén!

—¿Y dónde ves tú que sartén lleve «m»?

—¡En el mango!

PROBLEMA

Una madre le dice a su hija:

—¿Podrías preguntarle a tu señorita dónde está la carnicería de tu problema, esa donde la carne de ternera sólo cuesta medio euro el kilo?

INVENCIÓN

La profesora le dice a Martina:

—Vamos, Martina, ¿por qué no te inventas un problema?

Y Martina plantea el siguiente enigma:

—En la nevera hay cinco huevos, se me rompen tres… ¿Cómo me las apaño para decírselo a mi madre?

DEBERES

Albertito ya no puede esperar más para salir a jugar a la calle con sus amigos. Su padre está en el sofá leyendo el periódico, y el niño le dice:

—Papá, mis amigos están afuera jugando… ¿podrías hacerme tú el ejercicio de matemáticas?

—Martín, no estaría bien…

—¡Ya, pero al menos podrías intentarlo!

EBULLICIÓN

La profesora les explica a sus alumnos:
—En invierno es más difícil que el agua hierva porque la temperatura es más baja, y por tanto cuesta más que alcance los cien grados. ¿Sabéis de algún otro lugar donde resulte difícil hacer que el agua hierva?
Jaimito levanta la mano al instante:
—¡En el manicomio es imposible, porque a todos les falta un hervor!

REDACCIÓN

La profesora manda los deberes:
—Tenéis que escribir una redacción sobre una anécdota divertida que hayáis vivido con vuestra familia.
Y un niño escribe lo siguiente:

«El verano pasado, papá decidió adelgazar. La primera semana perdió un centímetro de cintura; la segunda semana, dos centímetros más; la tercera semana… ¡perdió el bañador en la playa!».

CHISTES SUPERCLÁSICOS

Un turista sube a un autobús y le pregunta al conductor:

—Disculpe, ¿este autobús para en el río?

—¡Pues claro que para, no tenemos la menor intención de pasar por debajo del agua, se lo aseguro!

¿Y PARA BEBER?

Una niña entra en una tienda de animales y le pregunta a la dependienta:

—Mi madre ha venido esta mañana a comprar comida para los pececitos, pero no se ha acordado de preguntarle qué tenemos que darles de beber...

EXACTITUD HORARIA

—Mamá, ¿podrías decirme qué hora era hace cinco minutos?

—Lo siento, guapo, ¡pero hace cinco minutos no llevaba el reloj puesto!

DEMASIADAS PREGUNTAS

Juana vuelve a casa tras un día de colegio y le dice a su madre:
—Mamá, no pienso volver a la escuela. La profesora no sabe nada de nada.
—Pero ¿cómo dices esas cosas?
—Es verdad, se pasa todo el día haciéndonos preguntas…

LA LUCIÉRNAGA

Una luciérnaga le dice a su amiga:
—¿Podrías darme un empujoncito? Es que me he quedado sin pilas…

INVISIBLE

—Doctor, doctor, me parece que soy invisible.

—¡¿Hay alguien ahí, quién habla?!

PESCADORES SEDIENTOS

Tras pasar toda la mañana pescando bajo un sol de justicia, dos pescadores entran en un bar y el camarero les pregunta:

—¿Qué tomarán los señores?

—¡Dos cañas!

TORRE DE CONTROL

Jack, el piloto, toma altura con su avión. Al poco rato recibe una comunicación de la torre de control:

—Jack, infórmanos de tu altura y de tu posición.

Y Jack responde:

—¡Altura, un metro ochenta; posición: estoy sentado!

MUDO

Un mudo va al médico.

—¿Qué le pasa? —le pregunta el doctor. Como el hombre no responde, el médico le repite la pregunta. Y así una vez, y otra... Al final, el mudo se enfada, saca un papel y un lápiz del bolsillo y escribe: «¡Soy mudo, caramba!».

—¡Pero, señor mío, por qué no me lo decía usted antes!

SABER ESCUCHAR

—¡Doctor, a mí no me escucha nadie!

Y el médico dice:

—¡Que pase el siguiente!

DUDAS

Una mujer va al médico y le explica su caso:

—Doctor, soy un mar de dudas ante cualquier cosa que me sucede en la vida. No estoy segura de nada.

El médico escucha lo que está diciendo, y al fin interviene:

—¿Cree que podría deberse a un problema de educación?

—¡Tal vez sí… tal vez no!

TENTEMPIÉ

¿Cuál es el tentempié preferido de los informáticos?

¡Las patatas chips!

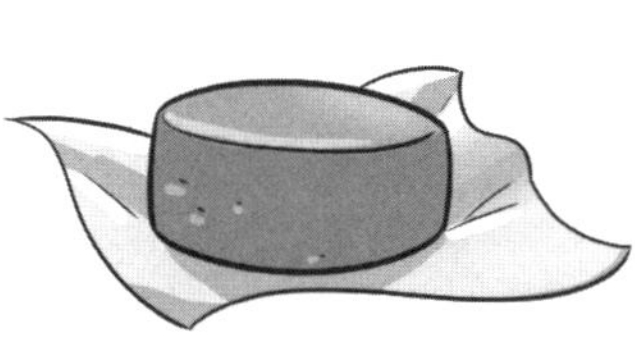

OTRA DE APERITIVOS

¿Cuál es la tapa favorita de los habitantes de Roma?
¡Los calamares a la romana!

HORMIGAS HINCHAS

Unas hormigas van a ver un partido de futbol que disputan unas compañeras en el fondo de un vaso. En un momento dado, una de ellas grita, muy excitada:

—¡Ánimo, que si ganamos este partido seguro que el año que viene jugaremos en la copa!

EL CABALLO AZUL

Un *cowboy* muy esmirriado deja el caballo en la calle y entra en el salón. Cuando sale, ve que le han pintado el caballo de azul. Irritado, vuelve a entrar en el salón y dice:

—¿Quién ha osado pintar mi caballo de azul?

Se levanta un tipo fornido y grandote como un armario, y le responde:

—He sido yo, ¿qué pasa?

El *cowboy* esmirriado le dice:

—No pasa nada, sólo quería decirle que la primera capa ya se ha secado… si *quiere*, puede darle la segunda…

ENTRE MÉDICOS

—He de visitar a un paciente muy joven que ya está perdiendo la memoria. ¿Qué me aconsejas?

—¡Ante todo, cóbrale la visita por adelantado!

AGILIDAD

¿Cómo se las ingenia un elefante para bajar de un árbol?
¡Se sube encima de una hoja y espera a que llegue el otoño!

¡GUAU!

En la consulta del veterinario suena el teléfono. Cuando descuelga, oye:

—¡Guau!

—Disculpe, ¿cómo ha dicho? —responde el veterinario, desconcertado.

—¡Guau!

—Lo siento, pero no le entiendo. ¿Podría repetírmelo, por favor?

—¡G de Gandía, U de Úbeda, A de Albacete, U de Úbeda!

PERIODISTA

¿Cuál es el lugar preferido de un periodista?

¡El avión, porque pilla las noticias al vuelo!

SOLUCIÓN ANTICAÍDA

¿Sabes qué es lo único que frena la caída del cabello?

¡El suelo!

BARBERO PECULIAR

Un hombre entra en una barbería y se sienta en la butaca. El barbero se lo queda mirando y dice:

—Escuche, antes que nada tiene que darme su tarjeta del banco y su número secreto.

El cliente lo mira perplejo y dice a su vez:

—Pero ¿cómo se atreve…?

El barbero se encoge de hombros y responde:

—¡Mire usted, yo sólo quería tomarle el pelo!

LOS CHISTES FAVORITOS DE TORCUATO REVOLTOSI

Sentada a la mesa de un restaurante, una mariquita espera con impaciencia la llegada de su amigo el ciempiés. Al cabo de media hora, el ciempiés entra y exclama:

—Lo siento, pero es que en la puerta había un cartel que ponía: «Por favor, límpiese bien los pies antes de entrar».

ETIQUETA

Un niño que ha ido al campamento de verano le escribe un whatsapp a su mamá:

—Mamá, olvidaste poner una etiqueta con mi nombre en mi ropa… ¡y ahora todo el mundo me llama Algodón 100 %!

EXTRAÑA PAREJA

Un hombre muy miope se encuentra a un amigo y le presenta a su esposa. El amigo se queda horrorizado cuando ve que la mujer es un chimpancé hembra. El miope se encoge de hombros y le explica:

—¡Verás, chico, ya sé que mi elección fue más bien curiosa, pero es que el día que la conocí no llevaba las gafas puestas!

TARZÁN

¿Qué le dice Tarzán a un ratón?
—¡Tan pequeño y con bigote!
¿Y qué le responde el ratón a Tarzán?
—¡Tan grandote y todavía con pañales!

LOS GUSTOS DEL CABALLO

Un caballo entra en un bar y pide:
—¡Un zumo de tomate con menta!
Cuando el caballo se va, el camarero sacude la cabeza y comenta:
—¡Para gustos, los colores!

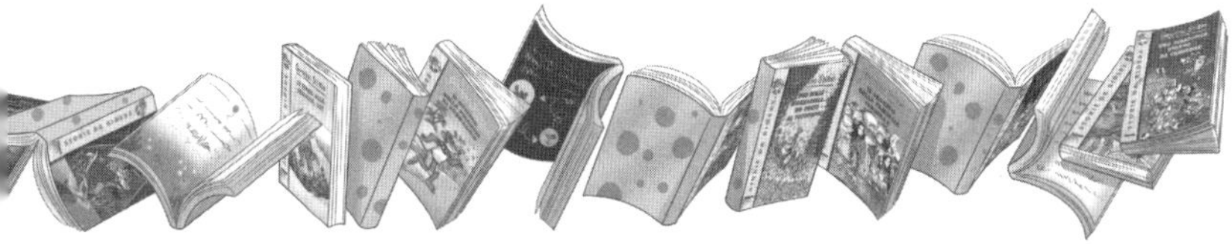

DOLOR DE PIES

Un ciempiés chiquitín le dice a su madre:

—Mamá, me duele un pie.

—¿Cuál, cariño?

—No lo sé, sólo he aprendido a contar hasta veinte…

LA PLANTA DEL JARDÍN

—En mi jardín tengo una planta que ni veinte hombres serían capaces de abrazar…

—¡Caramba! ¿Es una secuoya gigante?

—¡No, es una mata de ortigas!

TORCUATO REVOLTOSI

QUÉ VERGÜENZA

Un tipo va al psiquiatra y éste le pregunta:
—Y dígame: ¿ha vuelto a salir a correr por la ciudad desnudo y con calcetines?
—Sí, doctor, una vez.
—¿Y esta vez tampoco se ha sentido avergonzado?
—Sí, esta vez un poquito, porque uno de los calcetines estaba agujereado…

CEBRAS

¿Por qué las cebras desconfían de los elefantes demasiado respetuosos con las normas?
¡Porque cuando cruzan la sabana las aplastan creyendo que son un paso de peatones!

COSAS DE PULGAS

Una pulga entra en un bar y pide un café con leche, se lo bebe de un solo trago y sale a toda prisa. Ya fuera del bar, da un salto, pero cae al suelo y se da un buen porrazo.

—¡Maldita sea! —exclama mientras trata de levantarse—, ¿quién se ha llevado a mi perro?

OTOÑO MISTERIOSO

Ya es otoño en el bosque. Una marmota le dice a un tejón:

—Este año procuraré mantenerme despierta…

—¿Y eso por qué? —le pregunta, intrigado, su amigo.

—¡Porque me gustaría ver cómo se las apañan las hojas para volver a encaramarse a los árboles!

LORITO

Un loro y su amo van por la calle y se cruzan con un señor que pregunta:

—Disculpe, ¿el animal habla?

Y el loro le responde:

—¡No, señor, ni una palabra!

DUDAS

—Mamá, ¿qué clase de animal soy?

—Eres un oso polar, cariño.

—¿Está segura de que no soy un koala?

—No, ya te he dicho que eres un oso polar. ¿Qué te hace pensar que no lo eres?

—¡Pues que estoy pelado de frío!

METEOROLOGÍA

Un alumno entra en clase y anuncia:

—Buenas noticias, niños: la señorita dijo que, lloviese o tronase, hoy haríamos el examen.

—¿Y eso qué tiene de bueno?

—¡Que afuera está granizando!

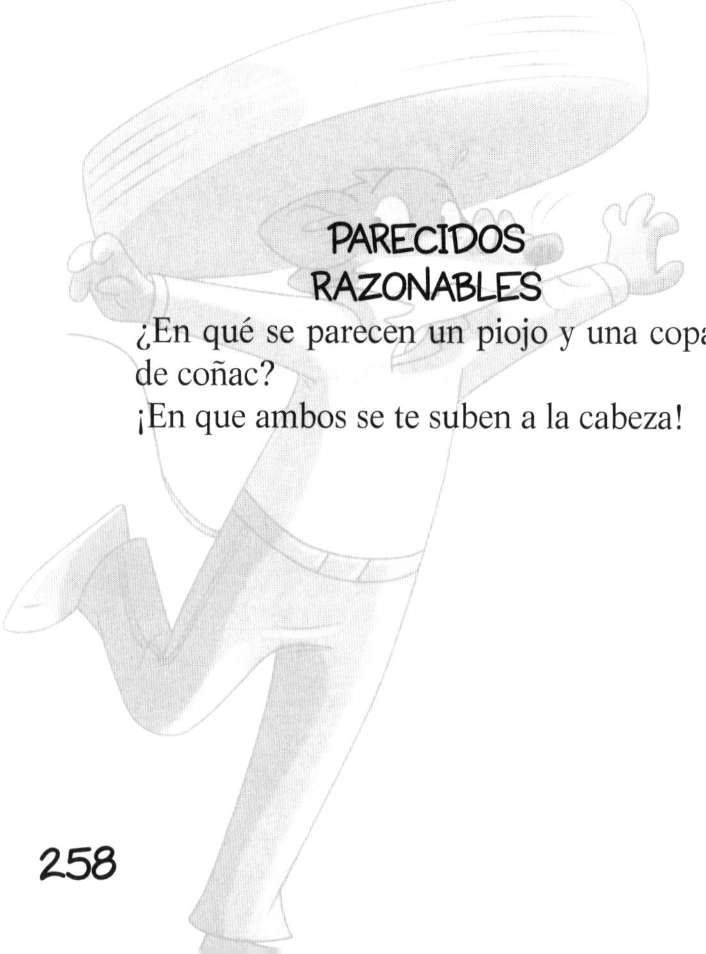

PARECIDOS RAZONABLES

¿En qué se parecen un piojo y una copa de coñac?

¡En que ambos se te suben a la cabeza!

GATO... MANCHADO

La señora Julia abre la lavadora y se encuentra al gato en el interior:

—Ricardito, ¿por qué has metido al gato en la lavadora?

—Verás, mamá, es que este gato tiene todo el pelo lleno de manchas marrones, ¡y yo quería un gatito blanco!

RATÓN AMABLE

Un ratón ve a un elefante con cara de preocupado en la orilla de un lago.

—¿Quieres cruzarlo? —le pregunta el ratón.

—Sí, pero me da miedo que el hielo se rompa y me hunda en el agua.

El ratón le propone con mucha amabilidad:

—Si es por eso, no tienes por qué preocuparte... Primero pasaré yo, y así sabremos si aguanta...

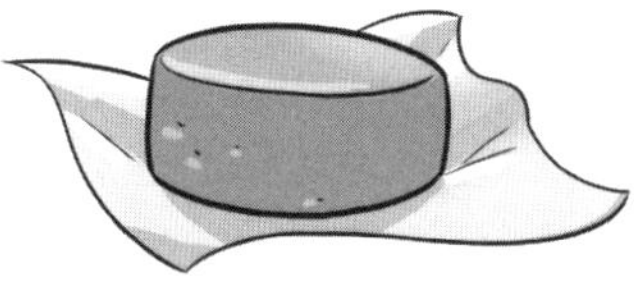

MOSCAS

Una pareja de moscas va en una moto y, de pronto, la mosca de atrás le dice a la de delante:

—¡Para, para, que se me ha metido un mosquito en el ojo!

HÍPICA

Dos tipos hablan de sus caballos.

—Tengo un caballo tan inteligente, que cuando le digo «¡Arre caballito!», se pone a correr como un loco.

—Bah, eso no es nada, mi caballo es mucho más listo que el tuyo: ¡cuando yo digo: «¡Hip, hip!», él me responde: «¡Hurra!»!

JIRAFA

—¿Es verdad que si una jirafa se moja los pies con agua muy fría, le entra dolor de garganta?
—¡Sí, pero dos semanas más tarde!

VÍBORAS

Una víbora le dice a su amiga:
—¿Sabes una cosa? Estoy aprendiendo a cocinar. ¿Por qué no pruebas uno de mis guisos?
—No, gracias, ya tengo bastante con mi propio veneno…

CONEJOS AUTOMOVILISTAS

Dos conejos que conducen fatal van circulando con su coche. Toman una curva demasiado rápido y atropellan a una liebre. Ambos bajan del coche, preocupados, y uno le dice al otro:

—¿Y ahora qué hacemos? ¿Retiramos el cuerpo de la víctima?

—¡No, ni se te ocurra, si lo hiciéramos, podríamos levantar la liebre!

GALLINA ENFERMA

Una gallina va al médico y le dice:

—Doctor, no me encuentro nada bien.

—¿Tiene fiebre alta?

—Yo diría que sí: ¡esta mañana he puesto un huevo frito!

LECHE

—Mamá, ¿cuántos tipos de leche hay?

—Veamos… la leche entera, la leche pasteurizada, la leche en polvo, la leche condensada… ¿Por qué quieres saberlo?

—Porque estoy dibujando una vaca y quisiera saber cuántos grifos he de ponerle en la barriga…

INCULTO

¿Cómo se llama el asno que no quiere ir al colegio y no sabe ni leer ni escribir?

¡Burro!

EN CLASE DE P3

La profesora le pregunta a Albertito:

—Albertito, ¿de qué trabaja tu padre?

—¡Es mecánico!

—¿Y tu mamá?

—¡Supongo que es electricista, porque acaba de dar a luz a mi hermano pequeño!

FRUSTRACIÓN

Una niña de seis años vuelve de la escuela muy desanimada y exclama:

—Ir a la escuela es una pérdida de tiempo... ¡No sé leer, no sé escribir, y encima no me dejan hablar!

DUDAS GOLOSAS

—Mamá, ¿es verdad que las abejas hacen la miel?
—¡Ya lo creo que es verdad!
—Y ¿cómo se las apañan para cerrar los tarros?

EN EL CAMPO

—¿Quieres ordeñar una vaca? —le pregunta el abuelo a su nieto mientras le pasa un taburete.
Al cabo de media hora, el nieto entra desconsolado en la casa.
—¡No ha habido nada que hacer, la vaca no ha querido sentarse en el taburete!

CABALLO

—¡Te vendo un caballo!

—¿Y yo para qué narices quiero un caballo vendado?

SINCERIDAD

El profesor le pregunta a la alumna universitaria:

—¿Qué tal va el trabajo de investigación que está redactando, señorita?

—Muy bien, profesor. He descubierto que internet es muy útil para investigar.

—¿En serio?

—¡Sí, ya he encontrado diecisiete sitios web que venden el trabajo que necesito!

PÁNICO

Un señor que tiene pánico al médico va al hospital. El doctor le pide:

—Diga treinta y tres.

—¿Cómo? ¿Así, sin anestesia?

MENUDA CONFUSIÓN

—Mi perro se llama *Stop* —le explica Miguel a un amigo—, pero creo que le cambiaré el nombre.

—¿Ah, sí, y por qué?

—¡Porque cuando le digo «¡Ven aquí, *Stop*!», el pobre nunca sabe qué hacer!

INCENDIO

En un zoológico, una jirafa le dice a otra:

—¿Te has enterado de que ayer incendiaron la jaula del oso?

—No sabía nada... ¿Y ya se sabe quién fue?

—Por el momento, la principal sospechosa es la llama...

RECONOCIMIENTO

—¿Cómo distinguirías un cerezo de un manzano? —le pregunta el profesor de botánica a Jaimito.

—¡Por la fruta! —responde Jaimito al instante.

—¿Y si los árboles no tienen fruta?

—Pues me espero a que crezca...

PERRO GUARDIÁN

—Tengo un perro guardián fantástico —le explica Ramón a un amigo—: ¡Cuando oigo un ruido sospechoso a medianoche, lo despierto, y él se pone a ladrar de inmediato!

FAMILIA GATUNA

—Jaimito, dime cuatro miembros de la familia de los felinos.

—Está chupado, señorita: ¡papá gato, mamá gata y sus dos bebés gatitos!

BAILARINA

¿Cuál es la consonante más bailonga de todas?

¡La jota!

DESGRACIADO

Mamá le pregunta a su hijo:

—¿Tú de mayor qué quieres ser?

—Yo, desgraciado.

—Pero bueno, hijo mío, ¡qué cosas dices!

—Es que siempre le estoy oyendo a papá: «¡Mira qué novia tiene ese desgraciado, mira el coche que se ha comprado ese desgraciado, a ese desgraciado le acaba de tocar la lotería…!»

ACCESORIOS DOMÉSTICOS

¿Cuál es el utensilio de cocina que más se utiliza en el manicomio?
¡El embudo!

THERMOMIX

¿Cuál es la mayor aspiración de una Thermomix?
¡Batir todos los récords!

PERPLEJIDAD

Antoñito mira con cara de perplejidad a sus hermanitos gemelos, que duermen en la cuna.

—¿En qué piensas? —le pregunta su madre.

—Cuando yo nací… ¿también era doble?

CONSEJO DE INFORMÁTICO

Un joven tiene muchos problemas con su novia y decide cortar con ella. Al día siguiente se encuentra a un amigo que es informático y le pide consejo. El informático se lo piensa un poco y finalmente le dice:

—¡Lo mejor que puedes hacer es reiniciar!

COMPROMISO MATRIMONIAL

Un canario jovencito vuelve a casa con un gusano y le dice a sus sorprendidos padres, que lo miran con unos ojos como platos:

—Papá, mamá, sé que seguramente os costará entenderlo, pero ésta es Clara, mi prometida, la conocí en el prado… ¡y pensamos casarnos!

COLCHÓN PARA FAQUIRES

Un faquir entra en una tienda de colchones, prueba un montón de ellos y al final dice:

—No están mal, pero ¿no tendrían alguno que pinche más?

EL ÚLTIMO

¿Sabes cuáles fueron las últimas palabras del último mohicano?

¡Esperadmeee!

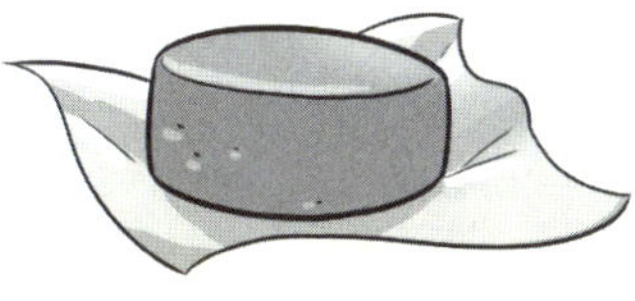

CLIENTE BOBO

Una señora está sentada tranquilamente en un banco del parque. De pronto aparece un hombre, se saca un fajo de billetes del bolsillo y empieza a encajarlos en los travesaños de madera del banco.

—Pero ¿qué hace, desgraciado? ¿No ve que éste no es lugar para poner el dinero?

—¿Ah, no? ¿Y entonces cómo es que mi mujer me ha dicho que llevara el dinero al banco?

DE LA NECESIDAD, VIRTUD

¿Por qué los gatitos han aprendido a vivir a oscuras?

¡Porque no alcanzan el interruptor!

AMÉRICA

La profesora le pregunta a Pablito:
—A ver, Pablito, ¿podrías indicarme en el mapa dónde se encuentra América?
—Sí, señorita... ¡Aquí está!
Entonces, la señorita se dirige al resto de alumnos.
—Muy bien, y ahora, los demás, decidme... ¿quién descubrió América?
Y toda la clase responde a la vez:
—¡Pablito!

ASTRONAUTA

¿Cuál es el colmo de un astronauta?
Tener la moral por Tierra.

MARIDO GENEROSO

Un tipo vuelve a casa con dos paquetes para su esposa:

—Hoy he recordado que no sólo es tu cumpleaños, sino que también es tu santo. Por eso he decidido hacerte dos regalos… ¡Toma, un par de guantes!

HERMANITA

En cuanto llega a clase, todos los compañeros de Dani quieren saber cómo es su hermanita, que acaba de nacer.

—¿Cómo se llama? —pregunta uno de ellos.

—No lo sé, se lo he preguntado pero aún no entiendo lo que dice…

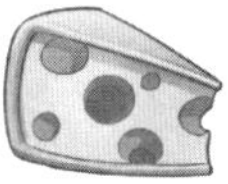

CONDUCTOR CÍVICO

Una mujer que está en el autobús dice, muy enfadada:

—¿Se puede saber cuándo arrancamos? ¡Llevamos más de media hora parados!

Y le contesta otra pasajera:

—Es que el conductor es muy educado: ha visto a una anciana de pie y le ha cedido su asiento.

COCINERO POCO AGRACIADO

Era un cocinero tan feo, tan feo, tan feo… ¡que incluso hacía llorar a las cebollas!

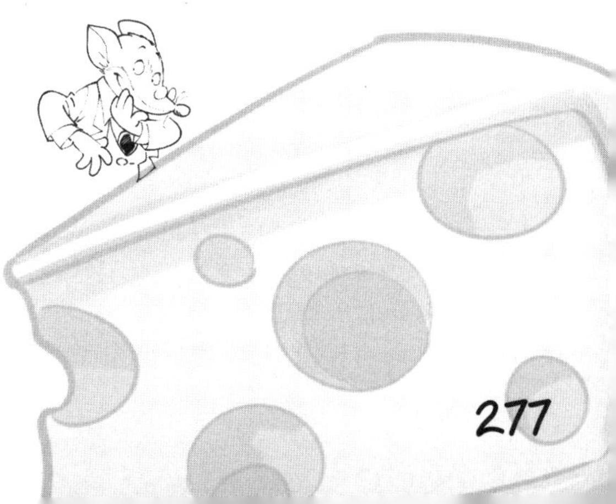

VUESTROS CHISTES

[CHISTES DE LOS LECTORES]

DUDAS DE IDENTIDAD

¿Qué dice una cereza frente a un espejo? ¿Zeré eza?

Ángela Albert González / Burjassot (Valencia)

FALTA PELIGROSA

—Cariño, creo que estás obsesionado con el fútbol, y me haces falta.

—¡¿Qué falta?! ¡¿Qué falta?! ¡Si no te he tocado!

Alba Almena Porras / Getafe (Madrid)

OFERTA

Un señor entra en una panadería y le pide al panadero:

—¡Póngame noventa y nueve barras de pan!

—Pues mire, justo hoy tenemos una oferta de cien.

—Uy, ¿y yo adónde voy con tanto pan?

RAFA ANGUITA CONTRERAS / CASTILLO DE LOCUBÍN (JAÉN)

LÓGICA

—¿Cuál es tu número de pie?

—El mismo que sentado.

AINHOA BARBERENA BARBERENA / PAMPLONA (NAVARRA)

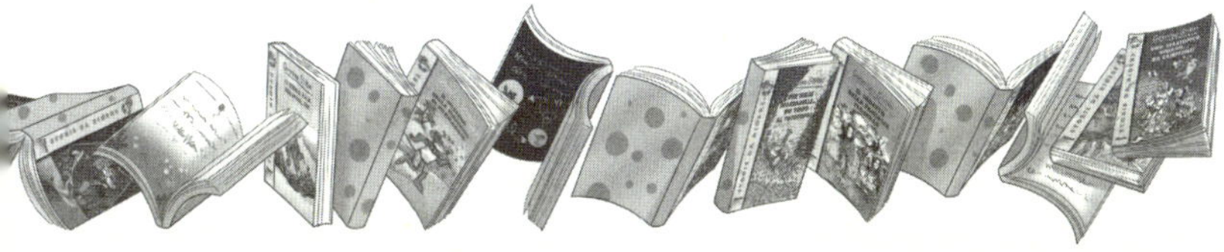

VUESTROS CHISTES

SANTORAL

¿Cuál es el santo de los zapatos?
San Dalia.

Jana Beltrán Janes / Madrid

HOY, IMPOSIBLE

—Doctor, doctor, ¡sueño con ratones jugando al fútbol!
—¡Tómese esta medicina hoy mismo!
—Será mañana, ¡que hoy juegan la final!

Omaima Benslaiman Bensoliman / Magán (Toledo)

MUCHA GUASA

¿Qué pasa cuando un teléfono móvil cuenta un chiste?

Que está de wasap.

LUIS CASADO VEGA / AGUILAR DE CAMPOO (PALENCIA)

CONVERSACIONES EXTRAÑAS

¿Qué le dice un plátano a la luna?

—Eres mi amor platánico.

¿Y qué le dice un calcetín a otro?

—Tenemos que hablar largo y tendido.

MARTA CASTILLEJO LÓPEZ / VALTIERRA (NAVARRA)

POBRE HUEVO

Están una lechuga, un tomate y un huevo en la nevera y la lechuga dice:

—Yo de mayor voy a ser un lechugón.

Y el tomate dice:

—Y yo voy a ser un tomatón.

Y el huevo se echó a llorar…

Adrián De La Concha Alexandre / Santander (Cantabria)

PELEA DE POLLITOS

¿Cómo maldice un pollito a otro?

¡Caldito seas!

Isabel Del Río Martínez / Madrid

LA NEVERA DE LAS GALAXIAS

¿Qué guarda Darth Vader en su congelador?
Helado oscuro.

EDUARDO DÍAZ IBÁÑEZ / SAN FERNANDO (CÁDIZ)

ME PINCHÉ

Un hombre entra en un bar de pinchos y dice:
—¡Ay!

SEBASTIÁN ELCANO DÍAZ / MADRID

DIARIO SECRETO

Mi hermana odia que invada su privacidad, lo dice bien claro aquí en su diario.

VALERIA ELLI ORENGA / TORREBLANCA (CASTELLÓN)

TRATAMIENTO ANTIAGING

Jaimito y su madre pasan por delante de una peluquería, Jaimito lee un cartel que está colgado en el escaparate y, de repente, sale corriendo. Su madre le pregunta:

—¿Jaimito, por qué corres?

Y Jaimito responde:

—Porque en el cartel dice: «Le quitamos diez años de encima», ¡y yo sólo tengo siete años!

DENEB ESCRIBANO RUIZ / CALVIÀ (ISLAS BALEARES)

NO CABEN MÁS

¿Cuántas personas caben en una ballena?
Ninguna, porque ba-llena.

Guillem Femenia Crespí / Palma de Mallorca (Islas Baleares)

CADA PATA CON SU NOMBRE

Un señor le dice a otro:
—Conozco a un chico que tiene una pata de palo y se llama Fran.
Y el otro contesta:
—¿Y cómo se llama la otra pata?

Simón Fernández Muñiz / Candás (Asturias)

VUESTROS CHISTES

CUESTIÓN DE ESTILO

¿Por qué las monjas no llevan sandalias?
Porque son más de-botas.

Rodrigo Fernández Parra / Valdetorres (Badajoz)

OLOR A SUPERHÉROE

¿Cuál es el perfume de Superman?
Superfume.

Mara Fiores González / Madrid

PECES MUDOS

Un niño le pregunta a su padre:

—Papá, papá, ¿por qué los peces son mudos?

—¡Prueba tú a hablar con la boca llena de agua!

Pol Fuentes Sánchez / Reus (Tarragona)

DULCE ACCIDENTE

Va un chupachups gritando:
—¡Soy un chupachups! ¡Soy un chupachups!
De repente, lo atropella un coche y se aleja gritando:
—¡Soy una piruleta! ¡Soy una piruleta!
MARCOS GALÁN MÉNDEZ / LA CORUÑA

PIERNAS ANCIANAS

Un anciano va al médico porque le duele la pierna izquierda, y el médico le dice:
—La pierna le duele porque es de avanzada edad.
Y dice el anciano:
—Pero si la otra pierna es de la misma edad.
LAURA GONZÁLEZ MESA / ALCALÁ DE HENARES (MADRID)

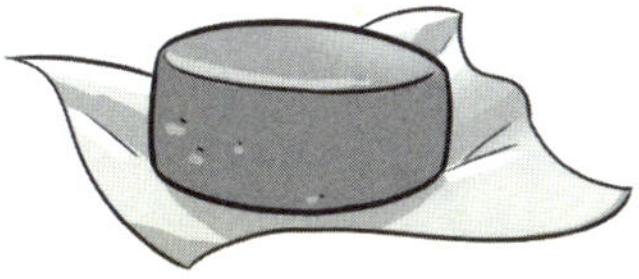

¿QUÉ PEZ?

Le dice un pez a otro pez:

—¿Sabías que los peces tenemos tres segundos de memoria?

—¿Qué?

—¿Qué de qué?

JANET GRANADO VILA / BELLMUNT D'URGELL (LLEIDA)

SIGNOS

La maestra le pregunta a Jaimito:

—A ver, Jaimito, ¿de qué signo es tu madre?

—¡Pues debe de ser de exclamación porque se pasa todo el día gritándome!

MARTA HERNÁNDEZ FIGUERAS / CORNELLÀ DE LLOBREGAT (BARCELONA)

SANTA PACIENCIA

¿Cuál es el colmo de la paciencia?
Operar a un mosquito en un cuarto oscuro con guantes de boxeo.

ÁLVARO INFANTE LÓPEZ / HUELVA

PERSONAJE HISTÓRICO

Primera escena: un nabo.
Segunda escena: un león.
Tercera escena: una boina en un rincón.
¿Sabéis qué personaje histórico es?
Naboleón Boinaaparte.

IRENE JIMÉNEZ FERNÁNDEZ DE MOYA / JAÉN

A SU MEMORIA

Le pregunta la maestra a Jaimito:

—Jaimito, ¿por qué era famoso Colón?

—Por su memoria.

—¿Por su memoria?

—Sí, porque en el monumento pone: «A LA MEMORIA DE COLÓN».

SELENE LÁZARO ORTIZ / LLEIDA

TORTILLA DE ORO

Un granjero le pregunta a su amigo:

—¿Qué tal te va?

Y el otro le contesta:

—No muy bien: tengo una gallina que pone huevos de oro en vez de huevos normales.

—Pero ¿qué dices?! ¡Si tendrías que estar muy contento!

—¿Por qué?, si ni siquiera puedo hacer una tortilla decente.

MARCELO LLORENTE GARCÍA / YEPES (TOLEDO)

ERROR DE MAGO

¿Qué hacen los ratones magos cuando escriben y se equivocan?

¡TACHÁN!

RUBÉN LÓPEZ CORTES / TARANCÓN (CUENCA)

CONSUELO

¿Qué le dice un sillón a una silla que está triste?

—¡Pobresilla!

PAULA LORENZO UCHA / EL SALOBRE (ALBACETE)

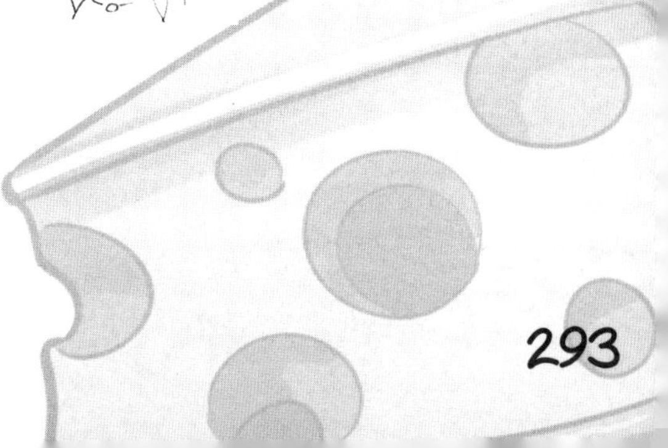

SÓLO IDA

Un señor que nunca ha viajado en avión escucha a una chica que pregunta a la azafata:

—¿Me podría dar un billete para la Antártida, sólo ida?

Entonces, cuando le toca al señor, pregunta:

—¿Me podría dar un billete para Nueva York, sólo York?

MATEO MARREAU SALVADOR / CANDELARIA (SANTA CRUZ DE TENERIFE)

DURO DE OÍDO

—¿De qué trabajas?

—De sanitario.

—Y yo soy libra, pero te he preguntado de qué trabajas.

—Sordete, ¿eh?

—De limón. ¿Quieres?

PAULA MARTÍNEZ AMORÓS / BARCELONA

CONTRAMARCHA

—¿Qué tal el viaje en tren?
—Bastante mal, me tocó un asiento en contra de la marcha y me mareé.
—Vaya, ¿y por qué no le pediste al de delante que te lo cambiara?
—Es que no había nadie...
FELIPE MARTÍNEZ TORRES / LES BORGES BLANQUES (TARRAGONA)

LIBRO OTOÑAL

¿Cuál es el colmo de un libro?
¡Que en otoño se le caigan las hojas!
NATALIA MATEOS ÁVILA / CÁCERES

COINCIDENCIA

Hay dos patos en una charca y uno dice:
—¡Cuá!
Y dice el otro:
—¡Justo iba a decir lo mismo!

LUCAS MATEOS LEFEBVRE / MAIRENA (SEVILLA)

PLANETAS DE LA SEMANA

—Jaimito, ¿qué planeta va después de Marte?
—Miércoles.

GABRIELA MEDINA RODRÍGUEZ / REUS (TARRAGONA)

MI PRIMA CARMEN

Si *car* es «coche» y *men* es «hombre», mi prima Carmen, ¿qué es?, ¿un transformer?

DÁMASO MERA CASTRO / GANDÍA (VALENCIA)

EL MAL MOLUSCO

¿Qué es una gamba haciendo grafitis?
Una gamberra.

MARCO MERGALEJO FERNÁNDEZ / FITERO (NAVARRA)

TRADUCCIÓN

¿Cómo se dice «bigote» en italiano?
Trampoline di mocco.

JIMENA MIELGO ANCIONES / CIUDAD RODRIGO (SALAMANCA)

VUESTROS CHISTES

CLIENTE PESADO

Un hombre entra en una cafetería y el camarero le pregunta:

—¿Qué va a tomar?

—Un café con un cruasán.

—Lo siento, señor, pero no tenemos cruasanes.

—Entonces tomaré un zumo con un cruasán.

—Señor, es que no tenemos cruasanes.

—Pues una coca-cola con un cruasán.

—Señor, ¡que no tenemos cruasanes!

Entonces el señor se va y el camarero muy enfadado entra en la cocina, y el cocinero, al verle tan nervioso, le pregunta:

—¿Qué te pasa?

—Es que había un cliente tan pesado que me han dado ganas de tirarle la bandeja de los cruasanes.

Noemí Miranda Sobreira / Cangas (Pontevedra)

VUESTROS CHISTES

¡BAILEMOS!

¿Qué le dice un tallarín a otro tallarín?
—¡Mi cuerpo pide salsa!
JUAN JOSÉ MONTESINOS VICO / TORRES (JAÉN)

ORDEN CONFUSA

El profesor de gimnasia dice a sus alumnos:
—Vamos a jugar a un juego muy divertido: cuando grite el nombre de una fruta, tenéis que correr a la derecha, y cuando grite el nombre de un color, tenéis que correr a la izquierda. ¿Listos?
—¡Listos!
—¡NARANJA!
XIAO MORAL CAYUELA / PEDREGUER (ALICANTE)

REDUZCA

Un conductor se cruza con un cartel que dice «Reduzca a 30», así que reduce su marcha. Más adelante, encuentra otra señal que dice «Reduzca a 10». Con dificultades, reduce su velocidad y avanza a paso de tortuga. Más adelante, encuentra otro cartel que dice «Reduzca a 2». Extrañado, obedece y reduce al máximo. Hasta que llega a un cartel que dice «Bienvenido a Reduzca».

Juan Moreno Coronado / Málaga

DOCTOR DESGANADO

—Doctor, doctor, me duele aquí.
—Pues póngase allí.
—Doctor, doctor, me sigue doliendo.
—Doliendo, no le siga.

Juan José Moriente Jiménez / Torremolinos (Málaga)

LÓGICA DEL INGLÉS

¿Cómo se dice «puerta» en inglés?
Door.
¿Y el que las vende?
¡Vende-door!
ISAAC NOVOA GARCÍA / A RÚA (ORENSE)

ATRACO

Esto es un ladrón que entra con un gato en un banco y grita:
—¡Quietos todos o aprieto el gatillo!
ÁLVARO ORDÓÑEZ PÉREZ / ALCALÁ DE GUADAIRA (SEVILLA)

¡CORRAMUS!

Dos chicos van caminando por el campo y uno comenta sorprendido al otro:

—Mira, ¡un platillo volante que va a Venus!

—Pues, ¡vamus rápidu a escondernus!

LUCÍA-ALBA ORTIZ CONS / VELILLA DE SAN ANTONIO (MADRID)

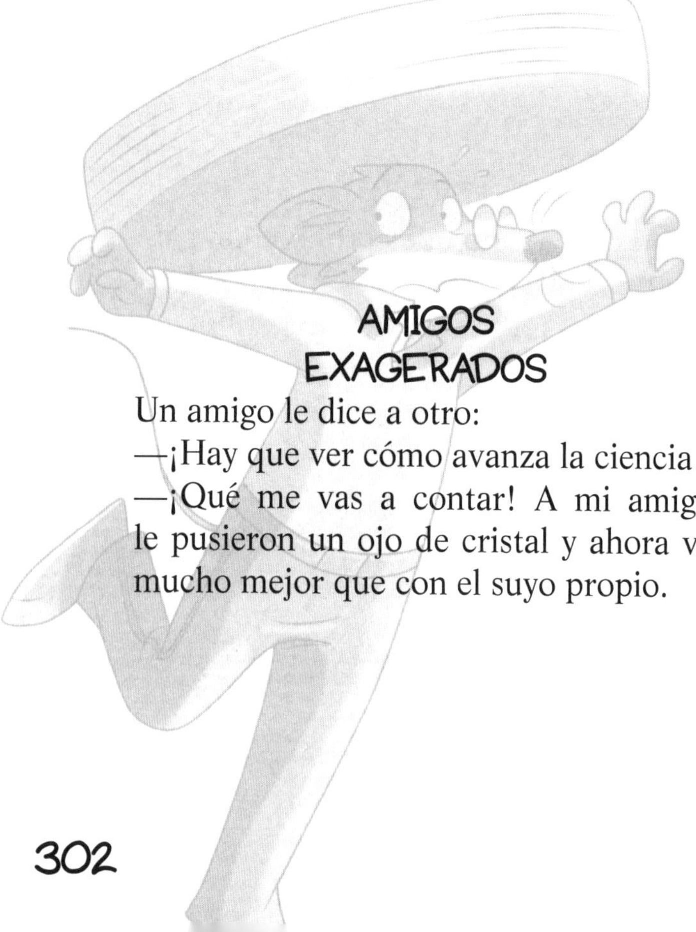

AMIGOS EXAGERADOS

Un amigo le dice a otro:

—¡Hay que ver cómo avanza la ciencia!

—¡Qué me vas a contar! A mi amigo le pusieron un ojo de cristal y ahora ve mucho mejor que con el suyo propio.

—¡Eso no es nada! Mi tío perdió un dedo en una serrería y le pusieron la ubre de una vaca. Desde entonces pide café solo y se echa la leche que quiere.

—Eso habría que verlo.

—Sí, con el ojo de tu amigo…

Pablo Darío Ortuño Giménez / Murcia

COMPLEMENTARIOS

¿Qué tienen en común un sauce llorón y un zapato?

Que el sauce llora y el zapato lo con-suela.

Ana Pérez Almario / Marbella (Málaga)

PELÍCULA

Se abre el telón y salen dos mandos y una capa. ¿Cómo se llama la película?
SuperMan Dos.

CORAL QIAN ESTEBAN MUÑOZ / COGECES DEL MONTE (VALLADOLID)

APLASTADOS

Están dos tomates en una carretera y uno le dice al otro:

—¡Viene un coche...chup!

—¿Qué?... ¡chup!

SONIA REYES TURÓN / ZARAGOZA

PASEO

¿Qué le dice un gusano a otro?
Me voy a dar la vuelta a la manzana.

AITANA RODRÍGUEZ PEÑA / RAMALES DE LA VICTORIA (CANTABRIA)

PRESIDENTE COMODÓN

En una clase, la profesora manda a los alumnos escribir una carta como si fueran el presidente. Todos se ponen a escribir excepto Jaimito. La profesora le pregunta:

—Jaimito, ¿por qué no estás escribiendo la carta?

—Porque estoy esperando a que llegue la secretaria.

LEA RODRÍGUEZ TORMOS / DOS HERMANAS (SEVILLA)

SIN LUZ

El capitán dice:

—Subid las velas.

Y los de abajo se quedaron a oscuras.

ELVIRA RUSILLO RUIZ / MADRID

TRADUCCIÓN LIBRE

¿Cómo se dice autobús en alemán?
Subanestrujenbajen.

María Salguero Alba / Conil de la Frontera (Cádiz)

CIEMPIÉS TORPÓN

Iba un ciempiés por el bosque, aparece una rama y... ¡tropieza, tropieza, tropieza, tropieza...!

Felisa Santana González / Gáldar (Las Palmas)

SEMÁFORO TÍMIDO

¿Qué le dice un semáforo a otro?
¡No me mires, que me estoy cambiando!

ESTELA SERRANO LARA / SAN FERNANDO DE HENARES (MADRID)

IMPOSIBLE

—Jaimito, Jaimito ¿viste ayer el apagón?
—No pude, estaba todo a oscuras.

YAIZA URTEA CIRIACO / ANSOÁIN (NAVARRA)

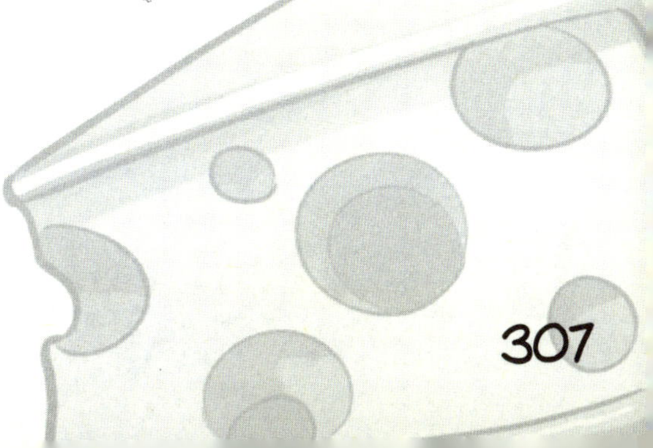

VUESTROS CHISTES

POBRES COCODRILOS

En la selva, todos los animales se están organizando para ir de excursión y el león dice:

—Vamos a llevarnos unos refrescos.

Y las ranas saltan y dicen:

—¡Bien, bieeen!

El león dice de nuevo:

—Y vamos a ir a mojarnos en el lago.

Y contestan las ranas:

—¡Bien, bieeen, qué bien nos lo vamos a pasar!

Ya un poco harto de ellas, el león dice:

—Pero tres animales verdes con los ojos saltones no van a venir.

Las ranas saltan y dicen:

—¡Qué pena, pobres cocodrilos!

JAVIER VALENCIA CONEJO / MOGUER (HUELVA)

QUÉ ABURRIMIENTO

¿Cómo se convierte un burro en burra? Metes el burro en un cuarto sin ventanas hasta que se aburra.

SERGIO VICENTE ÁLVAREZ / FUENGIROLA (MÁLAGA)

CRIMEN MATEMÁTICO

—¡Señor, ha cometido usted un crimen matemático!

—Lo asumo.

—Pues yo lo arresto.

ANDREA VICENTE SASTRE / COSLADA (MADRID)